Comprendre l'astrologie !

Le grand guide de l'astrologie, se comprendre soi-même, découvrir son signe astrologique, son thème astral, la relation entre les signes du zodiaque, les planètes, les maisons

Marc Brunel

Avertissement

L'auteur et l'éditeur ne font aucune déclaration ou garantie quant à l'exactitude ou à l'exhaustivité du contenu de cet ouvrage et rejettent spécifiquement toute garantie, y compris, mais sans s'y limiter, les garanties d'adéquation à un usage particulier. Aucune garantie ne peut être créée ou étendue par des matériels de vente ou de promotion. Les conseils et stratégies contenus dans cet ouvrage peuvent ne pas convenir à toutes les situations. Cet ouvrage est vendu sous réserve que l'éditeur ne s'engage pas dans le fait de fournir des conseils ou des services médicaux, juridiques ou autres. Si une assistance professionnelle est nécessaire, il convient de faire appel aux services d'un professionnel compétent. Ni l'éditeur ni l'auteur ne peuvent être tenus responsables des dommages qui découlent de cette lecture. Le fait qu'un individu, une organisation ou un site Web soit mentionné dans le présent ouvrage à titre de référence et/ou de source potentielle d'informations supplémentaires ne signifie pas que l'auteur ou l'éditeur approuve les informations que cet individu, cette organisation ou ce site Web peut fournir.

Sommaire

Introduction

Le grand guide de l'astrologie s'adresse à tous, du débutant au praticien, en passant par l'étudiant avancé.

Dans ce livre, je vais m'efforcer de couvrir un large éventail d'informations d'une manière accessible à tous et inclusive. Je considère le thème astrologique comme un plan de potentiels et de possibilités pour les individus. Vous ne me trouverez jamais en train de dire qu'un signe ou un placement est « tout bon » ou « tout mauvais », et je crois qu'il est toujours possible de trouver un moyen de surmonter les défis ou les obstacles à la croissance, à l'évolution et à la compatibilité. Ce livre est écrit à partir de cette approche. Nous sommes tous nuancés et nous avons tous la capacité d'aborder consciemment la façon dont nous naviguons dans notre plan cosmique.

Cela dit, je n'ai pas recours à la neutralisation spirituelle, c'est-à-dire à des pratiques spirituelles pour contourner des problèmes ou des blessures non résolus, car je préfère examiner de près l'ombre et la façon dont elle peut être guérie ou intégrée plutôt que contournée. Je vous invite maintenant à regarder le sujet du genre différemment. Le langage astrologique a traditionnellement été binaire, utilisant des étiquettes mâle et femelle/masculin et féminin. Pourtant, notre thème astrologique, ou notre plan cosmique, contient toutes les planètes et tous les signes, et, par conséquent, ils sont tous en chacun de nous et font partie intégrante de nous. Le thème astrologique n'indique pas le genre d'une personne, et ce livre non plus. Je me concentre sur la personne dans son ensemble et sur ses caractéristiques, en supprimant totalement les identifiants binaires. Le contenu de ce livre vous donnera une base approfondie dans les domaines fondamentaux de l'astrologie et adopte une approche radicalement différente du langage astrologique, car nous comprenons que les corps planétaires et les signes sont de nature non binaire.

Tout au long de ce livre, j'intègrerai les termes « jour » et « nuit » pour remplacer respectivement « masculin » et « féminin », car ces deux termes sont moins limitatifs. C'est un concept qui était utilisé par les anciens et qui correspondait vaguement au masculin et au féminin pour eux. Je vous en dirai plus à ce sujet dans le chapitre 1. Les concepts de jour et

1

de nuit nous permettent d'adopter une approche plus humaniste du paysage intérieur de l'âme. Par conséquent, bien que ce livre soit en partie un guide pour vous aider à interpréter votre thème, il vous demande également d'adopter une approche plus radicale et non binaire du langage de l'astrologie.

J'ai toujours aimé l'astrologie. J'ai encore en ma possession des choses que j'ai écrites quand j'étais jeune adolescent pour décrire les qualités des signes solaires. Ce n'est que lors de mon premier retour de Saturne (lorsque Saturne revient à la position qu'il occupait dans le thème natal d'une personne), à l'âge de 28 ans, que j'ai découvert ce que j'appelais alors la « vraie » astrologie. Un ami a lu ma carte du ciel pour moi et m'a donné quelques livres. Je les ai dévorés, j'ai appris à dessiner des cartes du ciel à la main, j'ai acheté et lu un tas d'autres livres, je me suis abonné à des magazines et j'ai pratiqué sur mes amis. Je me suis ensuite marié et j'ai eu des enfants, et mon intensité astrologique s'est estompée pendant quelques années, bien que je n'aie jamais perdu ma fascination pour ce sujet. En mars 2016, alors que je travaillais dans le monde de la publicité, j'ai eu la révélation que mon but était de travailler comme astrologue professionnel. J'ai travaillé avec un professeur et suivi d'autres cours pour affiner mon art et, en quelques mois, j'ai commencé à travailler en tant qu'astrologue. Je prends encore des cours aujourd'hui, car l'astrologie est un terrier glorieux et sans fin où il y a toujours plus à découvrir.

J'ai maintenant fait des milliers de lectures, je dirige des cours et j'écris des articles d'astrologie presque quotidiennement. Je suis également un praticien chamanique et un activiste. Je suis un soleil Sagittaire avec un *stellium* Sagittaire dans les onzième et douzième, un ascendant Sagittaire et une lune Gémeaux. Pour ceux d'entre vous qui comprennent déjà les bases de l'astrologie, cela vous dira que je suis écrivain, enseignant et attiré par la justice sociale et politique, que je ne peux m'empêcher d'intégrer ces aspects dans mon travail.

Ce livre est écrit pour ceux qui souhaitent amener leur étude de l'astrologie à un autre niveau et le faire à partir d'un lieu d'inclusion. Ce livre s'adresse à tous. Je vous souhaite donc la bienvenue ; vous risquez de passer un excellent moment à mes côtés.

P.S. : Je vous coupe dans votre lecture, mais saviez-vous que durant les siècles derniers, et encore aujourd'hui, on a menti à des populations entières à propos des sorcières et de la Wicca ? Alors j'avais une question à vous poser, voudriez-vous recevoir un livre totalement gratuit intitulé « Comprendre la Wicca (pour les débutants) » ? C'est un guide pratique de 147 pages pour que vous compreniez l'histoire de la magie, des sorcières et de la Wicca, ainsi que les mensonges qui nous ont été racontés. Comprendre ce qu'est la Wicca et comment vous pouvez l'utiliser positivement dans votre quotidien, mais également comment effectuer des rituels Wiccan ! (d'une valeur de 17€). Vu que vous nous avez fait confiance en achetant ce livre, nous vous l'offrons gracieusement ! Il vous suffit de flasher le QR code ci-dessous :

Je vous laisse maintenant reprendre votre lecture.

Partie 1 : Les éléments constitutifs de l'astrologie

Dans la première partie de ce livre, nous jetterons un coup d'œil à l'histoire de l'astrologie, à sa situation actuelle et à la manière de considérer le langage de l'astrologie d'une nouvelle façon. Nous aborderons également certains des éléments de base du thème astrologique et comment vous pouvez commencer à interpréter le vôtre. On démarre donc tout en douceur.

Chapitre 1 : Une base astrologique

Depuis des millénaires, l'astrologie est utilisée pour prédire des événements. Plus récemment, les gens ont commencé à utiliser l'astrologie comme un outil de développement personnel et de croissance, en cherchant à comprendre leurs schémas personnels, leurs croyances limitantes et leur potentiel. L'astrologie peut nous aider à vivre en alignement avec les éléments et les cycles de la nature, à choisir le meilleur moment pour tout — de l'agriculture aux relations amoureuses, en passant par la vie professionnelle — et à nous engager dans l'exploration psychologique et les leçons de la vie passée.

L'astrologie peut nous aider à guérir notre déconnexion avec les cycles naturels de l'univers et à vivre en harmonie avec les cycles cosmiques lorsqu'ils agissent en nous. À son plus haut niveau, l'astrologie est un outil qui amène chacun d'entre nous à une connexion spirituelle plus élevée avec l'univers et les cycles de l'univers, nous aidant à faire des choix conscients pour vivre à la hauteur de notre plus haut potentiel. Mon approche de la conscience est humaniste et psychologique, et je me concentre sur le paysage intérieur. Chaque planète et chaque signe travaillent dans la conscience de l'âme de chacun de nous. Jusqu'à présent, le langage de l'astrologie n'a pas été exprimé de manière adéquate. Les temps changent, et le langage de l'astrologie doit aussi évoluer.

Pourquoi l'astrologie fonctionne-t-elle ? C'est une question éternelle, mais ma réponse est qu'elle est basée sur des milliers d'années d'observation. Même si elle a connu des périodes de déclin, l'humanité est toujours revenue à l'étude de l'astrologie, car une interprétation habile des mouvements du cosmos apporte des réponses au sens et aux cycles de la vie.

Qu'est-ce que l'astrologie ?

L'astrologie est une science ancienne qui utilise l'observation des cycles et des mouvements planétaires au fil du temps pour enregistrer les modèles et les événements déclenchés par le mouvement du cosmos. On peut prendre l'exemple des cycles de la Lune qui affectent si clairement les marées de la Terre, les cycles menstruels et autres cycles biorythmiques, ainsi que nos énergies émotionnelles, les autres corps cosmiques, les luminaires, les planètes, les astéroïdes et au-delà, qui travaillent également en nous. Tout dans l'univers est connecté, un fait connu depuis longtemps par les astrologues, mais désormais reconnu par les scientifiques utilisant la mécanique quantique qui suggère que chaque atome affecte les autres.

En physique quantique, tout est fait d'ondes et de particules et fonctionne selon la théorie de l'enchevêtrement, qui suggère qu'aucune particule n'est entièrement indépendante. En un mot, tout dans l'univers fonctionne ensemble et les mouvements des corps cosmiques activent l'énergie en nous et dans le monde naturel. En d'autres termes, nous sommes enchevêtrés avec l'univers tout entier. Toutes les énergies s'entremêlent dans une danse complexe de magie et de science planétaires, et le langage de l'astrologie interprète cette danse.

Les racines de l'astrologie remontent à des milliers d'années. Les archéologues ont trouvé des preuves que les humains ont pu suivre les cycles lunaires depuis les temps les plus reculés, comme des peintures rupestres marquées de cycles lunaires. Certaines de ces preuves pourraient remonter jusqu'à 30 000 ans avant notre ère. On dit souvent que l'astrologie est basée sur les systèmes calendaires, mais je dirais que les systèmes calendaires sont basés sur le mouvement des corps cosmiques ; les premiers calendriers étaient basés sur le mouvement du Soleil, de l'étoile Sirius (calendrier égyptien) ou de la Lune (calendrier grec). En d'autres termes, l'observation et l'enregistrement des cycles planétaires sont venus en premier, puis les systèmes calendaires sont nés du mouvement des corps cosmiques. Cela signifie que l'astrologie est à la base de toutes nos vies.

L'astrologie a évolué au cours de milliers d'années et il existe plusieurs disciplines astrologiques différentes, notamment l'astrologie védique (Jyotish Vidya), qui est basée sur le zodiaque sidéral plutôt que sur le zodiaque tropical utilisé par l'astrologie occidentale ; l'astrologie chinoise, qui est basée sur un cycle de douze ans ; l'astrologie hellénistique, qui est une tradition gréco-romaine pratiquée du Ier siècle avant Jésus-Christ jusqu'au VIIe siècle de notre ère et qui connaît actuellement un renouveau ; et l'astrologie occidentale moderne, qui est ma propre pratique et qui est basée sur le zodiaque tropical.

L'astrologie occidentale est issue de l'astrologie ptolémaïque et babylonienne, qui adopte une approche plus psychologique et développementale. Parmi les personnages clés de l'histoire de l'astrologie, citons Ptolémée (IIe siècle de notre ère), qui a écrit l'un des principaux textes astrologiques, le *Tetrabiblos* ; Carl Jung (1875-1961), qui a été un pionnier de l'utilisation de l'astrologie dans le domaine de la psychologie ; Alan Leo (1860-1917), souvent appelé « le père de l'astrologie moderne » ; et l'un de mes favoris, Dane Rudhyar (1895-1985), qui a inventé l'expression « astrologie humaniste » et a contribué à ouvrir la voie aux pratiques astrologiques modernes.

Ce livre est basé sur la tradition occidentale moderne. Cependant, toutes les traditions sont valables et ne diffèrent que par leurs approches, certaines étant plus prédictives, comme l'astrologie védique, et d'autres adoptant une approche plus personnelle ou psychologique. L'astrologie occidentale moderne est centrée sur la création d'un graphique ou d'un horoscope pour une heure, une date et un lieu spécifiques en utilisant le zodiaque tropical, qui est basé sur la relation symbolique entre la Terre et le Soleil. Le zodiaque tropical divise l'écliptique en douze parties égales de 30 ° chacune (les signes) et est orienté en fonction des saisons, le zodiaque commençant à l'équinoxe de printemps, lorsque le Soleil entre dans le Bélier. L'écliptique est une ligne imaginaire ou un plan dans le ciel qui marque la trajectoire annuelle apparente du soleil le long de laquelle se produisent les éclipses.

Les origines historiques de l'astrologie

Hormis les premières traces de suivi des cycles lunaires sur les peintures rupestres et les ossements, l'histoire de l'astrologie commence réellement avec les Sumériens en Mésopotamie, il y a 6 000 ans, qui notaient les mouvements du cosmos, ainsi qu'avec l'astrologie védique, qui a débuté il y a au moins 5 000 ans en Inde.

De 2 400 à 331 avant notre ère (environ), les Babyloniens, également connus sous le nom de Chaldéens, ont créé la roue du zodiaque avec les planètes, les douze maisons représentant les domaines de la vie et du développement. Après la conquête des Babyloniens par Alexandre le Grand, les Grecs ont développé l'astrologie, donnant aux planètes et aux signes du zodiaque leurs noms modernes. En 140 de notre ère, Ptolémée a publié le *Tétrabiblos*, qui contient les planètes, les maisons, les aspects et les angles, autant de techniques que les astrologues utilisent encore aujourd'hui. Au fil des siècles, l'étude et l'utilisation de l'astrologie ont connu des hauts et des bas en Occident, mais elles se sont épanouies au Moyen Âge, où elles faisaient partie des mathématiques, de l'astronomie et du monde médical. Il y avait des astrologues royaux.

Lorsque l'Église a pris le pouvoir, l'astrologie a commencé à décliner. L'âge de la raison, notamment le mouvement de réforme protestant des XVIIᵉ et XVIIIᵉ siècles, a commencé à promouvoir la raison et le scepticisme au détriment de ce qui était considéré comme un simple divertissement. L'astrologie a donc perdu de sa popularité jusqu'à sa résurgence à la fin du XIXᵉ siècle.

L'astrologie aujourd'hui

L'astrologie occidentale telle que nous la connaissons aujourd'hui a commencé sa résurgence à la fin du XIXᵉ siècle. On attribue généralement à Alan Leo le début du regain d'intérêt pour l'astrologie et le développement d'une approche plus spirituelle et ésotérique en tant que théosophe. La théosophie est un enseignement sur Dieu et le monde basé sur des intuitions mystiques. Alan Leo a introduit les concepts de karma et de réincarnation dans son travail d'astrologue et a commencé à délaisser l'astrologie événementielle au profit de l'analyse des caractères.

Un autre théosophe, Dane Rudhyar, a également participé à cette résurgence. Il a vraiment commencé l'approche psychologique de l'astrologie et a inventé l'expression « astrologie humaniste ». Le travail de Rudhyar était basé sur la théosophie et les philosophies orientales principalement, et il a été influencé par la psychologie de Carl Jung. Les travaux de Rudhyar sont à la base d'une grande partie de l'astrologie moderne développée dans les années 1960 et 1970. La plupart des astrologues occidentaux modernes se concentrent sur le côté psychologique et humaniste, bien que l'on assiste actuellement à une résurgence de certaines techniques plus anciennes et prédictives, notamment chez les jeunes astrologues.

Les assignations de genre des planètes et des signes sont problématiques dans le monde moderne. Le féminin a été principalement désigné comme passif, réceptif, faible, sombre et destructeur, alors que le masculin a été désigné comme puissant, orienté vers l'action, léger, positif et dominant, ne tenant pas compte de l'autre sexe. Les noms des planètes sont basés sur les panthéons romain et grec, qui étaient fermement patriarcaux par nature. Parmi les principaux corps essentiels, seules la Lune et Vénus étaient désignées comme féminines. Ce n'est pas le cas dans de nombreuses cultures plus anciennes, où les planètes étaient perçues différemment. Par exemple, il y avait de nombreuses déesses du Soleil dans les cultures anciennes, et la Lune était souvent considérée comme l'ovule du Soleil. Dans ce livre, je m'éloigne de ces définitions binaires, car nous sommes tous le Soleil, la Lune et d'autres corps planétaires, et chaque corps cosmique a des forces et des faiblesses qui ne sont pas spécifiques au sexe.

Ici, nous allons intégrer et développer la théorie d'une ancienne technique hellénistique qui définissait les planètes comme diurnes (du jour) et nocturnes (de la nuit). Dans ce système, le Soleil, Jupiter et Saturne sont diurnes, et Vénus, Mars et la Lune sont nocturnes, Mercure faisant le pont entre les deux. Dans la veine de certains astrologues actuels qui s'efforcent de créer une approche plus inclusive et non binaire du langage astrologique, nous utiliserons les mots « jour » et « nuit ». Ces délimitations sont logiques, car le jour et la nuit sont visibles : le jour est plus « yang », ou orienté vers l'extérieur, et la nuit est plus « yin » ou orientée vers l'intérieur.

Comme le montre clairement le tableau planétaire de la section des tableaux astrologiques, les cinq planètes personnelles — Mercure, Vénus, Mars, Jupiter et Saturne — ont toutes des qualités diurnes et nocturnes, selon l'énergie du signe traditionnel. Cela ajoute une interprétation plus profonde, nous éloignant du langage patriarcal et binaire inhérent à l'astrologie qui a été utilisé jusqu'à présent.

Le système solaire est un organisme vivant, respirant et pulsant qui inspire (diurne) et expire (nocturne), tous les corps, signes, maisons et aspects planétaires ayant soit une énergie diurne/inspiration, soit une énergie nocturne/expiration, parfois les deux. J'associe le jour à l'énergie de l'inspiration, car nous inspirons le souffle de vie pour nous donner l'énergie sortante de la journée. La nuit, nous relâchons ou expirons pour nous recharger. Cela reflète l'enchevêtrement quantique du système solaire dans chaque organisme vivant et dans chacun de nous.

Chapitre 2 : Les quatre éléments et les trois modalités

Dans ce chapitre, je vais explorer les trois modalités — cardinales, fixes et mutables — et les quatre éléments clés que sont le feu, la terre, l'air et l'eau. Les modalités sont également connues comme les qualités des signes, ou leur *modus operandi* de base, c'est-à-dire la façon dont ils fonctionnent. Chacune des trois modalités comprend quatre signes astrologiques, un pour chacun des éléments. Les quatre éléments représentent chacun une caractéristique : le feu représente l'esprit, l'eau l'émotion, l'air l'intellect et la terre le physique.

Le zodiaque, comme l'univers lui-même, est composé de ces quatre éléments, et en astrologie, ils représentent les caractéristiques archétypales d'une personne. Comme les luminaires, les planètes, les astéroïdes et les autres corps cosmiques travaillent en alignement en nous, il en va de même pour les éléments. Les éléments travaillent également en harmonie les uns avec les autres, mais sachez que chaque élément est contenu dans chaque personne. Chaque élément est lié à trois signes du zodiaque et l'élément prédominant dans un horoscope donne une indication claire de la façon dont une personne réagit, répond et se comporte. L'analyse de l'équilibre des éléments dans le thème peut à elle seule en dire long sur les traits primaires d'une personne. Les quatre éléments sont ensuite divisés en trois modalités comme ci-dessous :

- le Bélier est le Feu Cardinal ;
- le Taureau est la Terre Fixe ;
- les Gémeaux sont l'Air Mutable ;
- le Cancer est l'Eau Cardinale ;
- le Lion est le Feu Fixe ;
- la Vierge est la Terre Mutable ;
- la Balance est l'Air Cardinal ;
- le Scorpion est l'Eau Fixe ;
- le Sagittaire est le Feu Mutable ;
- le Capricorne est la Terre Cardinale ;
- le Verseau est l'Air Fixe ;

- le Poissons est l'Eau Mutable.

En combinant les éléments avec les modalités, nous obtenons encore plus d'informations sur les traits primaires d'une personne. Par exemple, les Gémeaux sont l'air mutable et sont donc plus susceptibles d'être très changeants ; la Balance est l'air cardinal et est plus susceptible d'avoir de nouvelles idées.

Modalité cardinale

La première des trois modalités est la modalité cardinale, qui est associée aux quatre signes qui commencent chaque quadrant du zodiaque naturel : le Bélier, le Cancer, la Balance et le Capricorne.

Le Bélier et la Balance sont les signes cardinaux de jour (ou d'inspiration) et le Cancer et le Capricorne sont les signes de nuit (ou d'expiration). Comme les modalités représentent le mode de fonctionnement de base d'un signe, les quatre signes cardinaux sont des énergies initiatrices qui commencent une nouvelle saison ou une nouvelle étape de la vie et cela se reflète donc dans leur nature. Les signes cardinaux aiment commencer de nouveaux projets. Ce sont les pionniers du zodiaque, mais ils peuvent manquer de l'endurance nécessaire pour mener à bien des idées et des projets.

Modalité fixe

La deuxième des trois modalités est la modalité fixe, qui est associée aux quatre signes qui se trouvent au milieu de chaque quadrant du zodiaque naturel : le Taureau, le Lion, le Scorpion et le Verseau. Nous avons également ici deux signes de nuit (ou d'expiration), le Taureau et le Scorpion, et deux signes de jour (ou d'inspiration), le Lion et le Verseau.

Les signes fixes font exactement ce qu'ils ont dit qu'ils feront. Leur comportement de base consiste à fixer en place ce qui a été initié par les signes cardinaux. Ils ont l'endurance nécessaire pour réaliser les projets, les plans et les idées des signes cardinaux, ou initiateurs. Les signes fixes aiment généralement la continuité et n'aiment pas le changement. Mais la vie et l'univers sont toujours en mouvement, ce qui nous amène à la troisième modalité.

La modalité mutable

La troisième des trois modalités est la modalité mutable, qui est associée aux quatre signes qui terminent chaque quadrant du zodiaque naturel et qui mènent au début du suivant : Gémeaux, Vierge, Sagittaire et Poissons. Les Gémeaux et le Sagittaire sont les signes de jour (ou d'inspiration) et la Vierge et les Poissons sont les signes de nuit (ou d'expiration). Comme leur nom l'indique, les signes mutables sont très flexibles, changeants et polyvalents. Ils sont généralement capables de voir tous les aspects d'un problème et de faire face aux changements que la vie leur impose. Cependant, ils peuvent facilement perdre leur objectif et leur but dans la vie et sont susceptibles de souffrir du « syndrome de l'objet brillant » et de la distraction.

L'horoscope comme roue de médecine

Les quatre éléments et les quatre signes de la modalité cardinale sont également utilisés dans les cultures chamaniques depuis des millénaires comme roue de médecine, qui représente les quatre directions cardinales appelées en cérémonie et le début des saisons. Dans l'hémisphère nord, le signe cardinal du Bélier (feu) commence le printemps, le signe cardinal du Cancer (eau) commence l'été, le signe cardinal de la Balance (air) commence l'automne et le signe cardinal du Capricorne (terre) commence l'hiver. Ces directions sont inversées dans l'hémisphère sud.

Les quatre directions représentent également les étapes de la vie : la naissance (est, feu, nouveau départ), la jeunesse (sud, eau, innocence émotionnelle et confiance), l'âge adulte (ouest, terre, énergie physique) et la vieillesse (nord, air, sagesse). L'ensemble de l'horoscope peut donc être considéré comme une roue de médecine ou un cercle sacré de la vie sur lequel s'aligner. Veuillez noter qu'il s'agit d'une façon de voir les choses et que les différentes traditions chamaniques considèrent la roue de la vie différemment.
Les saisons de l'année s'alignent sur les saisons de la vie : naissance (printemps), jeunesse (été), âge adulte (automne) et vieillesse (hiver). Tout est lié dans un grand mandala de création.

Feu

Le feu est l'énergie de la transformation et de l'action, et c'est l'énergie du jour (inhalation). Lorsque nous inhalons la vie, nous inspirons pour gagner de l'énergie. Nous dilatons également nos poumons à l'inspiration ; les signes et les planètes de feu sont expansifs ou sortants. Le feu est chaleur et mouvement. Pensez à l'énergie des flammes, en les regardant scintiller et danser, et vous aurez une idée de l'élément feu. Le Soleil fournit à la Terre et à l'humanité la chaleur et la lumière dont elle a besoin pour survivre. Le feu se déplace rapidement et se transforme, comme un phénix qui renaît des cendres de la destruction.

Les trois signes du feu, le Bélier, le Lion et le Sagittaire, sont positifs, inspirés, enthousiastes et confiants. Ils sont davantage associés à l'énergie du jour, qui est plus directe et tournée vers l'extérieur, mais tous les signes contiennent une part d'énergie de feu, car nous sommes tous des éléments en quantités différentes. Le Bélier, gouverné par le dieu guerrier Mars, est le premier des signes de feu ainsi que le plus direct et le plus concentré. Le Lion, gouverné par le Soleil, est confiant et aime l'attention. Le Sagittaire, gouverné par Jupiter, est expansif et inspirant. Tous les placements, les luminaires, les planètes, les astéroïdes ou les angles dans les signes de feu adopteront ces caractéristiques. Par exemple, les personnes ayant Vénus (valeurs et amour) en Bélier sont très directes et plus guerrières dans leurs relations. Les personnes ayant Mercure (l'esprit et la communication) en Lion ont un style de communication qui transmet l'autorité.

Eau

L'eau est l'énergie de la réceptivité et de l'émotion et c'est une énergie nocturne (expiration). L'eau, comme les émotions, est fluide et changeante. L'eau constitue un pourcentage énorme du corps humain et pourrait être considérée comme l'élément le plus crucial. Le Cancer, le Scorpion et les Poissons sont les trois signes d'eau ; tous sont des énergies profondément intuitives et créatives. La Lune, qui règne sur le Cancer, est associée aux soins et au maternage. Pluton gouverne le Scorpion, ce qui reflète la profondeur de ce signe et est associé à l'obsession et aux profondeurs psychologiques. Neptune règne sur les

Poissons et est associé à tous les états méditatifs ou altérés, ainsi qu'à la connexion avec l'inconscient collectif ou l'énergie spirituelle.

Tout placement dans les signes d'eau revêt une énergie plus fluide. Une personne ayant Mercure (l'esprit et la communication) en Cancer, par exemple, reçoit des informations instinctivement et les retient à un niveau profond, car le Cancer est une énergie nocturne réceptive.

Air

L'air est l'énergie de l'esprit ou de la pensée et est une énergie de jour (inspiration). C'est le souffle et le vent. Nous ne pouvons pas retenir le souffle ; il entre et sort, et le vent est nécessaire pour empêcher l'air qui nous entoure de devenir stagnant. Les Gémeaux, la Balance et le Verseau sont les trois signes d'air, et ce sont les signes de la pensée, des idées, de la sociabilité et de l'analyse. Les signes d'air sont associés à la rationalité et au cerveau droit.

Les Gémeaux, gouvernés par Mercure, sont associés à la dualité et à l'apprentissage. La Balance, gouvernée par Vénus, est associée à la diplomatie, aux relations et à la médiation. Le Verseau, gouverné par Uranus, est associé à la connectivité des pensées, des idées et des personnes, de l'intelligence supérieure, de l'inventivité et de l'innovation. Tout placement dans les signes d'air prend une saveur plus aérienne. Par exemple, quelqu'un qui a Mars (dynamisme et volonté) en Gémeaux est une personne de confiance. Gémeaux, par exemple, apprend vite et est susceptible de parler très rapidement et directement.

Terre

La Terre est l'énergie du monde matériel, une énergie que l'on peut toucher et sentir. La Terre est stable, pratique et patiente, et c'est une énergie de nuit (expiration). Le Taureau, la Vierge et le Capricorne sont les trois signes de terre, et ce sont les signes du travail acharné, de la construction, de la création de choses matérielles, et de la connexion avec le monde matériel et les structures. Les signes de terre sont sensuels, ont des qualités créatives et sont liés aux cycles naturels de la nature, ainsi qu'au cycle humain de la naissance, de la vie et de la mort.

Le Taureau, gouverné par Vénus, est le plus lié au monde matériel et à la Terre elle-même. La Vierge, gouvernée par Mercure, est plus liée au monde technique et à l'artisanat. Le Capricorne, régi par Saturne, est le pionnier des signes de terre et le signe orienté vers le *leadership* et la réussite. Tout placement dans les signes de terre prendra la saveur du signe. Par exemple, une personne avec Mars (dynamisme et volonté) en Taureau sera plus lente et plus réfléchie qu'une personne avec Mars dans le signe de la domination, le Bélier, qui est très rapide et direct.

Chapitre 3 : Les signes solaires

Dans ce chapitre, nous aborderons les douze signes solaires du zodiaque. Dans l'astrologie contemporaine, les signes solaires représentent notre moi profond et on pourrait dire qu'ils représentent notre ego. Les signes solaires sont la partie du moi que presque tout le monde connaît et l'énergie primaire qui alimente notre être. Je fournirai des mots-clés, des détails techniques tels que la planète dominante et quelques faits amusants sur chaque signe. Nous examinerons les dualités (nuit/féminin/yin/jour/masculin/yang) dans cette section. Considérez les signes comme une évolution du développement personnel, de la naissance (Bélier) à la fin de la vie (Poissons), afin de mieux comprendre comment les signes fonctionnent en vous. Nous avons tous en nous l'énergie de chaque signe, quel que soit notre signe solaire.

Bélier

Le Bélier est le premier signe du zodiaque et est considéré par la plupart comme le début de l'année astrologique. L'entrée (ou le déplacement) du Soleil en Bélier signale l'équinoxe de printemps dans l'hémisphère nord et le Bélier est le premier signe dans l'horoscope naturel, régissant la première maison. Le signe s'étend sur les 30 premiers degrés du zodiaque et le Soleil transite dans le signe à partir de l'équinoxe, approximativement du 21 mars au 20 avril. Ces dates changent en fonction du mouvement réel du Soleil dans le ciel depuis notre perspective ici sur Terre. Le Bélier est un signe cardinal de feu gouverné par Mars, le dieu de la Guerre, et représente la jeunesse, qui est très centrée sur elle-même. Le symbole du Bélier est le bélier, et son glyphe représente les cornes du bélier. Le Bélier est en polarité avec le signe de la Balance, un signe d'air, ce qui signifie qu'ils sont complémentaires et fonctionnent bien ensemble. Le mot-clé dominant du Bélier est « Je suis », ce qui signifie qu'il est entièrement tourné vers lui-même et qu'il aime passer en premier. Le Bélier régit la tête et les yeux. Le rouge est la couleur associée au Bélier, le diamant est la pierre de naissance, et le fer est le métal. Les traits les plus sympathiques du Bélier sont son dynamisme, son esprit pionnier et le fait qu'il soit considéré comme un *leader* par les autres. Intérieurement, ils ont un intérêt personnel sain et sont très courageux. Ils peuvent avoir tendance à être agressifs et réactifs si leur franchise n'est pas tempérée. Pour d'autres, le Bélier est impatient, rapide et audacieux. Guillaume Canet, Serge Gainsbourg et Léonard de Vinci sont tous nés sous le signe du Bélier.

Taureau

Le deuxième signe du zodiaque est le Taureau. Le Soleil transite dans ce signe du 21 avril au 20 mai environ, et il gouverne la deuxième maison. Le Taureau est un signe de terre fixe de nuit et est gouverné par Vénus dans son incarnation matérielle en tant que déesse du manifeste. Comme le Bélier, ce signe est représenté par un animal à cornes, le taureau, ce qui indique que ces deux premiers signes sont très directs. Le glyphe du Taureau représente la tête et les cornes du taureau.

Le Taureau représente l'étape de la vie qui réalise la connexion avec le monde physique. Le Scorpion est le signe qui est en polarité avec le Taureau, et les deux se complètent bien. Comme le taureau fort et solide qui représente le signe, le mot-clé dominant pour le Taureau est « construire », car les personnes nées sous ce signe aiment développer tout ce qui est durable. Le signe du Taureau est associé à la gorge et aux cordes vocales, la pierre précieuse la plus associée au signe est l'émeraude, mais étant le plus matériel des signes, le Taureau est également associé aux saphirs, au cuivre et au métal. Le Taureau incarne la sagesse animale dans la mesure où il a des sens très aiguisés et est sensuel et loyal. À l'intérieur, il est profondément ancré, patient et stable, mais cela peut aussi l'amener à être têtu ou obstiné et à être trop matérialiste dans sa quête de sécurité. D'autres voient le Taureau comme une personne stable et sans prétention. Dwayne « The Rock » Johnson, Pénélope Cruz et Patrick Bruel sont nés sous le signe du Taureau (le surnom « The Rock » est en fait emblématique du signe, car les pierres sont de l'élément terre).

Gémeaux

Les Gémeaux couvrent le troisième 30 ° du zodiaque. Le Soleil transite dans ce signe du 21 mai au 20 juin environ, et les Gémeaux gouvernent la troisième maison du zodiaque. Les Gémeaux sont un signe d'air mutable de jour et l'un des deux signes gouvernés par Mercure dans son incarnation de l'esprit et du messager. Ce signe symbolise les jumeaux et est représenté par un glyphe de jumeaux qui sont à la fois séparés et connectés. Les Gémeaux représentent le stade de la vie où nous commençons à communiquer verbalement et à réaliser à la fois notre connexion et notre séparation les uns par rapport aux autres. Le Sagittaire est le signe qui est en polarité avec les Gémeaux. Il existe quelques pierres précieuses qui portent chance à ce signe. Les pierres jaunes sont le plus souvent considérées comme chanceuses, comme l'agate, la citrine et l'ambre. Il n'est pas surprenant que le métal porte-bonheur des Gémeaux soit le mercure lui-même. Les Gémeaux sont associés à la poitrine, aux poumons, au système nerveux, aux bras et aux épaules. Les Gémeaux sont des penseurs et symbolisent l'esprit, la voix et la communication. Leur vie intérieure est curieuse, observatrice, souvent dispersée et peut être très tendue. Les Gémeaux sont considérés comme des êtres sociaux et expressifs, mais parfois manipulateurs et fourbes. Donald Trump, Jamel Debbouze et Angelina Jolie sont tous nés sous le signe des Gémeaux.

Cancer

Le Cancer est le quatrième signe du zodiaque. Du 21 juin au 20 juillet environ, le Soleil transite dans le signe du Cancer. Le Cancer est un signe d'eau cardinal de nuit. Le signe est représenté par le crabe et son glyphe est les deux pinces du crabe en protection. Cela en dit déjà long sur l'énergie du signe du Cancer, car les Cancers sont avant tout introvertis et protecteurs. La polarité du Cancer est le signe de terre du Capricorne. Le métal et les pierres précieuses porte-bonheur associés à ce signe reflètent son souverain, la Lune : le métal est l'argent, et les pierres sont la pierre de Lune, la perle et le quartz blanc. Le cancer est associé à l'estomac, à la poitrine et au sein. « Sentir » est le mot principal pour ce signe et les Cancers sont tout en émotion et en intuition. Le Cancer est le nourricier du zodiaque et est très orienté vers la tradition et la famille. Intérieurement, ce signe est extrêmement sensible et peut avoir tendance à manquer d'assurance et à trop donner, au point d'ignorer ses propres besoins. Les autres les considèrent comme sensibles et aimants, mais ils peuvent aussi être lunatiques. Charlotte Gainsbourg, Vincent Lindon, le Dalaï-Lama et Meryl Streep sont tous nés sous le signe du Cancer.

Lion

Le cinquième signe du zodiaque est le Lion. Le Soleil transite dans le signe du Lion du 21 juillet au 20 août environ. Le Lion est un signe de feu à modalité fixe et est gouverné par le Soleil. Le lion est le symbole de ce signe royal et son glyphe représente la tête et la crinière du lion. Le signe de la polarité est le Verseau. Sans surprise, l'or est le métal associé au Lion et les pierres précieuses porte-bonheur sont de couleur or et ambre, comme l'ambre, l'œil de tigre et la topaze jaune. Le Lion régit le cœur, la colonne vertébrale et le haut du dos. Les Lions sont nés pour diriger, et c'est leur mot-clé. Qu'ils soient rois, reines ou *leader*s dans leur propre maison, les Lions sont nés pour briller et charmer. Ils ont besoin d'attention et ont tendance à être mélodramatiques et supérieurs lorsqu'ils sont dans l'ombre. Autrement, les Lions sont dynamiques, sûrs d'eux et enjoués. Au mieux de leur forme, ils sont magnétiques et affectueux et illuminent la vie de ceux qui les entourent, car ils portent en eux le rayonnement du Soleil. Barack Obama, Louis de Funès et JK Rowling sont tous nés sous le signe du Lion.

Vierge

Le sixième signe du zodiaque est la Vierge. Le Soleil transite dans le signe de la Vierge du 21 août au 20 septembre environ. La Vierge est un signe de terre mutable de nuit, le deuxième signe à être gouverné par Mercure, mais dans une incarnation plus technique, plus orientée vers les détails et plus pratique. Ce signe est représenté par la jeune fille ou la vierge, ce qui signifie dans ce cas «celle qui est entière pour elle-même». Son glyphe ressemble à la lettre M. Cela suggère un état d'être qui reflète les énergies de la Vierge plutôt qu'un simple genre. Les Poissons sont le signe en polarité avec la Vierge. Comme les Gémeaux, la Vierge est régie par le mercure lui-même et les pierres précieuses porte-bonheur associées à ce signe sont le saphir, le jade et le jaspe. Le système digestif et la rate sont associés à la Vierge. L'énergie de la Vierge incarne le principe du service, car elle aime se sentir utile dans le monde. Les Vierges sont attentives aux détails et très analytiques. Leur monde intérieur est souvent autocritique et elles sont inquiètes. Elles peuvent tendre vers la servitude plutôt que le service et oublier de prendre soin d'elles-mêmes dans le processus. D'autres voient les Vierges comme des personnes éthiques et organisées, bien que je trouve que c'est un peu un mythe que les Vierges sont toujours bien organisées. C'est en partie parce que leurs tendances perfectionnistes peuvent conduire à la paralysie de l'analyse. « Analyser » est le mot principal de la Vierge. Mère Teresa, Cameron Diaz et Patrick Poivre d'Arvor sont tous nés sous le signe de la Vierge.

Balance

La Balance est le septième signe du zodiaque. Pendant la saison de la Balance, le Soleil traverse le signe du 21 septembre au 20 octobre environ. La Balance est un signe d'air cardinal de jour. La Balance est gouvernée par Vénus dans son incarnation la plus cérébrale. Le symbole de la Balance est la balance et son glyphe reflète à la fois l'équilibre et le soleil couchant à l'approche de l'automne dans l'hémisphère nord (ou le soleil levant dans l'hémisphère sud). Le Bélier est le signe avec lequel la Balance est en polarité. Le péridot et la topaze sont les pierres de la chance de la Balance et le métal associé est le cuivre. Les reins, la peau, le bas du dos et les fesses sont régis par la Balance. Le mot « équilibre » est le premier mot de ce signe, car elle essaie de trouver un juste milieu et un équilibre harmonieux dans tout ce qu'elle fait. La Balance est le diplomate et le médiateur du zodiaque. C'est pourquoi elle peut être considérée comme indécise, vacillante et même passive-agressive par moments. En général, la Balance est perçue comme juste, pacifique et créative. Sur le plan intérieur, elle se concentre sur les autres et les relations. Des exemples de Balance bien connus sont Will Smith, Oscar Wilde et Marion Cotillard.

Scorpion

Le Scorpion règne sur la huitième maison et, par conséquent, sur le huitième signe. Le Soleil transite dans le signe du Scorpion du 21 octobre au 20 novembre environ. Le Scorpion est un signe d'eau fixe nocturne gouverné par Pluton (moderne) et Mars (traditionnel). Signe profond et complexe, son symbole et son glyphe représentent tous deux le scorpion, son dard suggérant la nature potentiellement urticante de celui-ci. Cependant, en tant que signe hautement complexe et transformationnel, le Scorpion est également associé au serpent, symbole de transformation, et au phénix, symbole de renaissance. Le Taureau est le signe avec lequel le Scorpion est en polarité. Le fer et l'acier sont associés au Scorpion et le rubis et le grenat sont ses pierres précieuses porte-bonheur. Le Scorpion régit le système reproducteur et les organes sexuels. « Désir » est le mot principal pour le signe du Scorpion, car il reflète la profondeur et la complexité émotionnelles de ce signe magnétique et privé. Le Scorpion est considéré comme magnétique, puissant et parfois intimidant par les autres. À l'intérieur, il peut être maussade et obsessionnel, mais aussi profondément instinctif et psychologique. Lorsque les Scorpions sont capables de se plonger dans les questions les plus émotionnellement intenses de la vie, ils sont en mesure de se connecter à leur véritable pouvoir. Ryan Gosling, Leonardo DiCaprio et Florence Foresti sont tous nés sous le signe du Scorpion.

Sagittaire

Le signe qui régit la neuvième maison est le Sagittaire. Le Soleil transite dans ce signe du 21 novembre au 20 décembre environ. Le Sagittaire est un signe de feu mutable de jour gouverné par Jupiter. Le glyphe du Sagittaire est une flèche pointant vers les étoiles et reflète le symbole du centaure, qui est mi-humain et mi-cheval. Le glyphe et le symbole reflètent tous deux l'énergie visionnaire et avant-gardiste du signe. Les Gémeaux sont le signe avec lequel le Sagittaire est en polarité. Le Sagittaire régit les hanches, les cuisses et le foie. La turquoise et l'améthyste sont les pierres porte-bonheur du Sagittaire, et son métal est l'étain.

« Espérer » est le mot primaire pour le Sagittaire, car il aime errer physiquement et mentalement, et il vit souvent dans un état d'émerveillement face au monde. Le Sagittaire est un chercheur de vérité et de liberté et aime les explorations de toutes sortes. Les Sagittaires sont souvent considérés comme des naïfs, des inspirateurs et d'éternels optimistes. Orientés vers la spiritualité et visionnaires, ils ont la capacité de voir la vie dans son ensemble. Si le Sagittaire embrasse la vie comme une quête d'expérience et de vérité, leur tendance à la naïveté peut devenir une sagesse supérieure. Walt Disney, Brad Pitt et Vincent Cassel sont tous nés sous le signe du Sagittaire.

Capricorne

Le dixième signe du zodiaque est le Capricorne, et il est gouverné par Saturne. Le Soleil transite dans le signe du Capricorne du 21 décembre au 20 janvier environ. Le Capricorne est un signe de terre cardinal de nuit. Le symbole du Capricorne est la chèvre de mer, et le glyphe représente le sabot de la chèvre avec la queue d'un poisson ; ce côté plus doux du Capricorne a été perdu dans de nombreux textes astrologiques. La polarité du signe est le Cancer. Le Capricorne régit le système squelettique, les dents et les articulations. Le métal du Capricorne est le plomb et sa pierre précieuse est le rubis.

Le mot principal du Capricorne est « accomplir ». Les Capricornes cherchent à gravir les échelons de la réussite, mais ils peuvent avoir tendance à le faire en fonction des attentes du monde extérieur plutôt qu'en se basant sur la confiance en soi, d'où l'importance de la queue du poisson. Le Capricorne est considéré comme responsable et déterminé, mais aussi parfois contrôlant et craintif. Intérieurement, bien que le Capricorne soit travailleur et respectueux des lois, il y a souvent une peur sous-jacente de ne jamais être suffisant. Son engagement et ses qualités de *leader* sont ses points forts. Jeff Bezos, Gérard Depardieu et Roselyne Bachelot sont tous nés sous le signe du Capricorne.

Verseau

Le Verseau est le signe de la onzième maison du zodiaque. Le Soleil transite dans le signe du Verseau du 21 janvier au 20 février environ. Le Verseau est un signe d'air fixe de jour et est gouverné par Uranus (moderne) et Saturne (traditionnel). Bien que le symbole du Verseau soit le porteur d'eau, ce que le glyphe représente en réalité, ce sont des vagues d'énergie ; le symbole déverse l'esprit ou l'énergie depuis les cieux. Cela indique la qualité de l'autre monde du signe. La polarité de ce signe est le Lion. Le métal associé à ce signe est le plomb et les pierres précieuses sont l'obsidienne et le saphir. Le Verseau régit les mollets, les chevilles et le système nerveux. Les Verseaux sont les individus du zodiaque et leur mot principal est « savoir ». Les Verseaux sont parfois considérés comme les bizarres du zodiaque, car ils sont imprévisibles, inventifs et originaux de nature. Les Verseaux ont une conscience sociale et se consacrent à des causes et à des réformes, mais ils peuvent aussi être distants sur le plan émotionnel et même anarchiques par moments. Parce qu'ils se sentent souvent étrangers à ceux qui les entourent, ils sont parfois tentés de trahir leurs convictions pour s'intégrer, mais leur voie est d'incarner leur vérité personnelle quoi qu'il arrive. Oprah Winfrey, Daniel Auteuil et Marina Foïs sont tous nés sous le signe du Verseau.

Poissons

Le douzième et dernier signe du zodiaque est le Poissons. Du 21 février au 20 mars environ, le Soleil transite dans le signe du Poissons. Le Poissons est un signe d'eau mutable de nuit. Le symbole du Poissons est le poisson et son glyphe représente deux poissons nageant dans des directions différentes, mais reliés par une corde. Si l'on considère le zodiaque comme un chemin de développement humain, le Poissons représente le moment de la mort et celui qui précède la naissance, le liquide amniotique. Les fins et les commencements. Neptune (moderne) et Jupiter (traditionnel) sont les souverains des Poissons. La polarité du signe est la Vierge. Les Poissons régissent les pieds, le système lymphatique et le troisième œil. Les pierres qui correspondant à ce signe sont le diamant blanc, l'aigue-marine et l'améthyste, et le métal est l'étain. Les Poissons sont le signe le plus spirituel et le plus compatissant et leur mot principal est « croire ». Ils sont considérés comme des êtres très sensibles, créatifs et mystiques. Les Poissons luttent souvent contre les limites et sont extrêmement empathiques, ce qui peut les amener à jouer le rôle de victime ou de martyr. Comme le montre le symbole du poisson nageant dans deux directions, c'est la leçon des Poissons de vivre dans les domaines du manifeste et du mystique. S'ils peuvent se sentir à l'aise en étant des agents de l'esprit dans le domaine physique, ils éviteront les tendances à l'évasion et à la dépendance auxquelles ils peuvent avoir recours à l'occasion. Les Poissons sont associés aux énergies de la magie et du cinéma. Kurt Cobain, Pierre Niney et Laeticia Hallyday sont tous nés sous le signe du Poisson.

Les prévisions astrologiques populaires

Les prévisions astrologiques qui apparaissent sur les sites en ligne et dans les magazines et journaux sont l'analyse de la carte pour chacun des signes dans son ensemble et sont de nature générale. Elles sont toutefois valables, surtout si vous connaissez votre signe ascendant et que vous pouvez lire les prévisions pour ce signe ainsi que pour le signe solaire. Ces prévisions, lorsqu'elles sont bien faites, examinent les transits primaires des planètes en cours et la façon dont ils affectent chaque maison astrologique après avoir placé le signe solaire sur la première maison dans un diagramme.

Par exemple, si Pluton est en Capricorne par un transit et qu'il est activé par d'autres transits, et que vous avez un soleil Balance, alors la prévision sera basée sur un thème avec votre soleil Balance sur le sommet de la première maison. Ce thème montrera alors que Pluton transite dans votre troisième maison, car le Capricorne est le troisième signe après la Balance. Il ne s'agit peut-être pas de votre troisième maison réelle dans votre thème natal, mais cela aura quand même une certaine résonance.
Si vous êtes ascendant Balance, les prévisions porteront généralement sur les domaines de la vie contenus dans votre troisième maison. Si vous aimez lire des prévisions générales, connaître votre ascendant vous sera utile.

Différentes utilisations de l'astrologie

Bien que ce livre traite de l'astrologie natale, il est important de noter que l'astrologie a de nombreuses utilisations qui peuvent être explorées à la fois séparément et en conjonction avec le thème natal.

L'astrologie mundane est l'astrologie des événements, des organisations, des élections, des pays et des événements météorologiques. Le mot « mundane » vient du latin *mundanus*, qui signifie « mondain ». Tout événement ou organisation a un thème de naissance, qui se lit de la même manière que le thème natal.

L'astrologie financière est une spécialité qui prédit les événements et les cycles financiers.

L'astrologie horaire est un outil utilisé pour répondre à une question spécifique en fonction du moment où la question est posée. Cette technique est utilisée pour tout ce qui peut faire l'objet d'une question, comme : « Où sont mes clés ? »

L'astrologie médicale est utilisée pour diagnostiquer et traiter les maladies et peut également être utilisée pour la prévention, car elle peut montrer les points faibles de la santé d'une personne.

L'astrocartographie, ou astrologie de localisation, est basée sur les lignes planétaires tracées autour du globe pour indiquer comment une facette de la vie d'une personne est améliorée ou diminuée lorsqu'elle vit dans un endroit spécifique.

Chapitre 4 : Les douze signes ascendants et les décans

Dans ce chapitre, je vais parler des douze signes ascendants du zodiaque. Votre signe ascendant est le signe qui se trouvait sur l'horizon oriental au moment de votre naissance et correspond à l'angle de neuf heures sur le thème astrologique. Plus précisément, c'est l'endroit où la ligne et où le plan d'horizon croisent le plan de l'écliptique, le plan apparent du Soleil tout au long de l'année de notre point de vue. L'ascendant est la façon dont les gens vous voient lorsqu'ils vous rencontrent pour la première fois et ce que vous présentez aux autres, souvent appelé « persona » ou « masque ». C'est l'aspect le plus visible d'une personne lorsqu'elle se présente au monde, la première impression que les autres ont de vous.

Il représente également le conditionnement apporté par votre naissance et votre petite enfance. Tout ce que vous êtes est filtré par votre ascendant. L'heure exacte de la naissance est nécessaire pour calculer avec précision le signe ascendant, car l'ascendant est basé sur cette date, cette heure et ce lieu.

Chaque thème a une planète dominante, et c'est la planète qui gouverne le signe de l'ascendant qui est la planète dominante de la personne. Par exemple, si un thème a un ascendant Sagittaire, la planète dominante est Jupiter. La planète dominante est l'une des plus importantes dans un thème. Le placement de cette planète, et de toutes les planètes qui sont en conjonction avec l'ascendant ou proches de celui-ci, va modifier l'énergie de l'ascendant. C'est en regardant tout cela ensemble que nous commençons à créer l'image d'un individu, car bien que toutes les personnes ayant le même signe ascendant soient similaires, nous sommes tous uniques une fois que nous commençons à mélanger l'ensemble du thème.

Nous allons également examiner les décans de chaque signe. Chaque signe s'étend sur 30 °, et chaque signe peut ensuite être divisé en sections de 10 ° appelées décans. Il existe deux systèmes de décans. J'utiliserai le système de la triplicité, qui attribue à chaque décan un élément identique du signe. Les premiers 10 ° appartiennent au signe lui-même, c'est-à-dire au Bélier/Bélier. Les 10 ° suivants appartiennent au signe suivant dans la même triplicité ou élément, c'est-à-dire Bélier/Lion, et les troisièmes 10 ° appartiennent au signe restant dans la triplicité, c'est-à-dire Bélier/Sagittaire.

L'autre système de décans est le système chaldéen, qui attribue une des sept planètes visibles comme règle à chaque décan de 10 °. Ce système est moins utilisé dans l'astrologie moderne.

L'ascendant

Examinons de plus près les ascendants de chaque signe du zodiaque. Toute description physique ou caractéristique est principalement basée sur l'observation des astrologues au fil du temps. Les caractéristiques physiques et autres que je décris dans ce livre sont basées sur des généralités et ne doivent pas être considérées comme des caractéristiques déterminantes.

L'ascendant Bélier

Le Bélier est un signe de jour et ces personnes sont très actives et directes. Elles sont généralement rapides et orientées vers le sport et les activités compétitives, bien que leur compétitivité soit souvent autodirigée. Elles se jettent souvent à corps perdu dans les affaires et obtiennent ce qu'elles veulent sans avoir toujours réfléchi. Les Béliers ascendants font tout à toute vitesse et aiment être en mouvement. Ils sont généralement considérés comme des pionniers et des *leaders*, bien qu'ils aient du mal à terminer ce qu'ils commencent. Il n'y aura aucun doute quand un Bélier voudra être en relation avec vous, que ce soit en tant qu'ami ou plus. Leur caractère direct est un point positif, mais il peut être écrasant pour certains. Mars est la planète dominante des personnes nées avec cet ascendant et le placement de cette planète dominante donnera encore plus d'informations sur la façon dont cette personne fonctionne dans le monde. De plus, toute planète proche de l'ascendant tempère l'énergie. Par exemple, Saturne freine vraiment l'énergie rapide du signe ascendant.

L'ascendant Taureau

Je vois toujours les ascendants Taureau comme des arbres fortement enracinés avec un gros tronc épais, car ils sont stables et solides, inamovibles si les autres essaient de les pousser. En apparence, ils ont souvent un look robuste et solide et aiment généralement être habillés avec des vêtements de qualité, mais rien d'excessif. Ils ont une présence très apaisante, ce qui les rend confortables à côtoyer, à moins que vous n'essayiez de les pousser. Ils sont cependant extrêmement loyaux, au point qu'ils considèrent que les autres leur appartiennent presque. Le Taureau ascendant, un signe de nuit, avance généralement à un rythme régulier et n'aime pas être poussé ou pressé. Tout en eux est sensuel, en ce sens qu'ils sont attirés par les odeurs, les goûts, les sons et les contacts agréables. Ils peuvent également avoir une voix agréable. Leur planète dominante est Vénus, et le placement de Vénus en dit toujours plus sur une personne spécifique. Par exemple, si Vénus est en Gémeaux, cela peut rendre un individu plus flexible que ce que son ascendant Taureau seul implique. Vénus en Gémeaux peut ajouter à leur sociabilité la probabilité qu'ils utilisent leur voix agréable d'une manière ou d'une autre, par exemple pour chanter. Les planètes qui conjoignent l'ascendant vont également modifier l'énergie.

L'ascendant Gémeaux

Les Gémeaux sont des individus très sociaux, mais aussi les plus chaotiques des signes ascendants. Le signe des jumeaux peut argumenter des deux côtés de n'importe quel sujet, ce qui fait d'eux de grands débatteurs, mais cela les fait paraître duplices, ce qui peut être difficile pour certains signes plus sensibles. Les Gémeaux sont infiniment curieux et pleins d'esprit et c'est un plaisir de les côtoyer dans un environnement social. Leur durée d'attention est courte, cependant, alors attendez-vous à ce qu'ils passent très vite à autre chose. Cette agitation leur donne parfois une apparence extérieure nerveuse, car ils s'agitent constamment. Ils sont généralement assez minces et ont souvent de longs doigts artistiques, que vous les verrez tripoter pendant qu'ils parlent. Ils sont très doués pour le multitâche, donc même s'ils peuvent sembler distraits et ne pas écouter, ce n'est pas toujours le cas. Mercure est la planète dominante des Gémeaux et le placement de cette planète en dit plus sur la personne que le seul signe ascendant. Une planète en conjonction avec l'ascendant tempérera également l'énergie de ce signe. Par exemple,

Pluton en conjonction avec l'ascendant Gémeaux apportera une intensité et une profondeur que l'on ne retrouve pas chez toutes les personnes ayant un ascendant Gémeaux.

Ascendant Cancer

Les personnes nées avec un ascendant Cancer, un signe de nuit, sont des âmes très sensibles et aimantes, les plus douces et les plus nourrissantes des personnes. Comme le crabe, qui est le symbole du Cancer, elles sont timides et protectrices, préférant se glisser latéralement et tranquillement dans n'importe quel espace. Les ascendants Cancer ont également tendance à être d'humeur changeante et peuvent soit se retirer dans leur coquille, soit être dans le besoin lorsque leur humeur est mauvaise. Ils sont souvent considérés comme séduisants. Comme le Cancer régit l'estomac, ils peuvent aussi avoir tendance à prendre du poids et à avoir des problèmes digestifs lorsqu'ils se sentent dépassés. Leur nature empathique « d'éponge » s'ajoute à cela. Les ascendants Cancer ressentent tout et n'importe quoi autour d'eux et ils ont tout intérêt à apprendre à protéger leur énergie lorsqu'ils rencontrent d'autres personnes afin de ne pas passer en mode ermite. La Lune est la planète dominante du Cancer, et elle représente l'énergie maternelle ou nourricière, ce qui explique pourquoi les autres sont attirés par les personnes qui ont un ascendant Cancer pour qu'elles prennent soin d'elles quand elles en ont besoin. Le placement de la Lune dans le thème de la personne ascendant Cancer, cependant, fournit un niveau plus profond de compréhension de la personne. Par exemple, la Lune en Bélier sera plus encline à vouloir que les gens expriment directement leurs émotions et à le faire elle-même.

L'ascendant Lion

Les personnes de type Lion sont gouvernées par le Soleil et cela se voit dans leur apparence, car elles ont souvent une crinière de lion et un visage rond et ensoleillé. Elles sont magnétiques et illuminent n'importe quelle pièce lorsqu'elles y entrent, faisant une impression immédiate.
Elles sont dramatiques et démonstratives et adorent l'attention. Elles sont parfois bruyantes, parfois royales, mais toujours autoritaires. Elles s'habillent souvent pour attirer l'attention. Là où c'est moins positif, c'est quand elles n'obtiennent pas l'attention et l'adulation qu'elles

recherchent ; leur enfant intérieur peut devenir autoritaire et faire des crises de colère. Les ascendants Lion sont de grands enfants dans l'âme et ne demandent qu'à être aimés et à surveiller leur royaume ou leur reine avec bienveillance. Ils font de meilleurs *leaders* que travailleurs, bien qu'ils aient parfois tendance à être téméraires. Le Soleil est le centre de notre système solaire et toutes les planètes et la Terre tournent autour de lui ; cela suggère également le caractère de l'individu. Les ascendants Lion ont tendance à penser que le monde tourne autour d'eux, ce qui est souvent le cas. En tant que planète dominante, le placement du Soleil et de toute planète proche de l'ascendant modifie l'énergie de l'ascendant. Un soleil Vierge, par exemple, sera beaucoup moins exubérant que certains autres placements.

L'ascendant Vierge

Les personnes d'ascendant Vierge sont les analystes et les inquiets du zodiaque. Dans leur enfance, il se peut qu'un de leurs parents ait été obsédé par leur santé, leur poids et leur apparence, ce qui leur a transmis une certaine obsession pour ces questions. Parce qu'elles prennent du recul et analysent les situations et qu'elles sont plutôt timides, elles peuvent sembler réservées et distantes, mais elles se réchauffent lorsque vous apprenez à les connaître. Une fois que ce sera le cas, vous constaterez que leur désir naturel d'aider les autres en fait des amis fidèles. Leur tendance à suranalyser et à rechercher la perfection rend les ascendants Vierge anxieux, surtout s'ils ne sont pas occupés par des projets et s'ils ne peuvent pas tout avoir dans un ordre qui leur convient. Ils sont généralement bien habillés et semblent un peu coincés. En tant que signe mutable, ils ne sont pas figés dans leurs idées, mais ils doivent examiner les faits avant de changer. «Modeste» est un excellent mot pour les âmes ascendantes Vierge, et elles ont généralement un comportement gracieux. Mercure est le souverain de la Vierge et le placement de Mercure et de toute planète proche de l'ascendant modifiera l'énergie du signe. Par exemple, si Mercure est dans le signe fixe du Scorpion, leur qualité d'investigation sera beaucoup plus perçante, tout comme leur tendance critique.

L'ascendant Balance

Les personnes ayant un ascendant Balance sont très agréables et charmantes. Elles n'aiment pas les conflits, c'est pourquoi elles cherchent toujours à faire de la médiation et à être agréables. Elles sont généralement agréables à regarder et ont une belle apparence ronde et douce qui s'ajoute à leur charme. Elles sont souvent minces. Les gens sont tout simplement attirés par les ascendants Balance, qui aiment avoir des relations avec les autres, car ils ont tendance à se voir à travers les yeux des autres et ont du mal à être seuls. Ils peuvent également avoir tendance à avoir un côté passif-agressif dans leurs relations, car ils attendent parfois des autres qu'ils répondent à des attentes irréalistes. C'est le produit de leur indécision bien connue, car ils essaient constamment d'équilibrer la balance de la Balance en regardant de tous les côtés. La planète dominante de la Balance ascendante est Vénus dans son énergie moins manifeste de beauté amoureuse, de relation et d'harmonie. Le placement de Vénus et de toute planète proche de l'ascendant va modifier le signe ascendant. Si Mars est en conjonction avec l'ascendant, par exemple, la tendance à l'agressivité passive sera accrue.

L'ascendant Scorpion

Magnétique, intimidant et intense sont autant de mots qui décrivent les personnes ayant un ascendant Scorpion, un signe de nuit. Ces personnes sont très discrètes, voire secrètes sur leur vie intérieure, ce qui leur donne un certain côté mystique. Elles ont souvent un air un peu maussade et des yeux pénétrants. Les Scorpion ascendants abordent tout avec intensité, souvent jusqu'à l'obsession. Ils creusent profondément dans tout et ont des traits d'investigation pénétrants, y compris l'impression de voir dans l'âme des autres. En raison de leur nature très privée, ils ont souvent des difficultés à exprimer le profond tourbillon d'émotions que leur nature intense apporte, parfois même à eux-mêmes. Ils dégagent cependant une puissance profonde et sont généralement passionnés et créatifs dans tout ce qu'ils font. Pluton est la planète dominante des personnes de signe Scorpion et le placement de Pluton modifiera le signe ascendant. Par exemple, une personne ayant Pluton dans la troisième maison sera plus susceptible d'être bavarde et moins concentrée. Les planètes qui conjoignent l'ascendant modifient également l'impact du signe ascendant.

Le descendant

Le point de polarité de l'ascendant ou du signe ascendant est le descendant, qui est le signe qui se trouvait à l'horizon ouest du point de vue de la date, de l'heure et du lieu de naissance.

Le descendant est un élément important à prendre en compte lorsque vous cherchez à savoir quel type de personnes vous attire et qui vous attirez dans toutes les relations importantes. Cela peut également indiquer les points aveugles en vous que vous aspirez à développer personnellement par le biais de partenariats. On pourrait dire que votre ascendant représente l'énergie du jour, ou ce que vous mettez dans le monde, et que votre descendant représente l'énergie de la nuit, ou ce que vous recevez des autres par le biais du partenariat.

Les angles morts que représente le descendant sont appelés le « moi renié ». En d'autres termes, nous voyons chez les autres quelque chose qui nous irrite jusqu'à ce que nous reconnaissions qu'il s'agit en fait d'une partie de nous qui a besoin d'être reconnue. Par exemple, vous pouvez trouver irritant que votre partenaire soit détaché émotionnellement si vous avez le Verseau sur le descendant, mais une fois que vous en prenez conscience, vous êtes capable de réaliser qu'il s'agit en fait de quelque chose que vous devez travailler à l'intérieur de vous-même, cela peut être une grande prise de conscience. En d'autres termes, ce qui ressemblait à de la distanciation peut devenir un sentiment de liberté. C'est ce que l'on appelle également le travail en miroir, qui consiste à transformer les qualités irritantes en traits positifs à développer. C'est un facteur important à prendre en compte lors de l'examen de la compatibilité.

L'ascendant Sagittaire

Les personnes de type Sagittaire sont amusantes et éprises de liberté. Elles ont un air d'enthousiasme et d'optimisme face à la vie que peu d'autres signes ascendants ont. Ce sont des aventuriers et ils sont toujours à la recherche d'expériences qui amélioreront leur vie, voyageant parfois beaucoup et vivant dans des endroits autres que ceux où ils sont nés. Ils voyagent aussi dans leur tête et ont souvent une grande bibliothèque de livres ou de nombreux livres à côté de leur lit. Les personnes nées sous ce signe ascendant ont souvent tellement d'excitation et d'opinions acquises lors de leurs explorations qu'elles ont tendance à manquer de tact. Leur sympathie et leur sens de l'humour les empêchent généralement de s'attirer trop d'ennuis. Elles sont également considérées comme un peu naïves. En apparence, elles sont souvent assez grandes et élancées et en mouvement, comme si elles étaient pressées de vivre une nouvelle expérience, ce qui est probablement le cas.

La planète dominante du Sagittaire ascendant est Jupiter et le placement de cette planète ou de planètes proches de l'ascendant modifiera le signe. Saturne sur l'ascendant, par exemple, rendra cette personne moins extravertie et plus encline à paraître sérieuse.

L'ascendant Capricorne

Les personnes d'ascendant Capricorne sont les plus ambitieuses du zodiaque et sont très sérieuses et orientées vers le travail. Ce ne sont absolument pas les fêtardes du zodiaque. Cependant, elles ont souvent un sens de l'humour sec et un *timing* impeccable. Leur apparence est généralement maigre et assez anguleuse avec des yeux brillants et elles sont souvent habillées pour le succès, préférant une palette de couleurs terreuses pour leurs vêtements. En raison de leur comportement sérieux, les Capricornes peuvent sembler assez froids sur le plan émotionnel, bien qu'ils ne le soient pas vraiment ; ils ne montrent simplement pas facilement leurs émotions. Les personnes d'ascendant Capricorne peuvent avoir eu une enfance difficile ou avoir reçu beaucoup de responsabilités très tôt dans leur vie. Elles s'assouplissent généralement avec l'âge. Ces personnes ont tendance à aimer la sécurité et à être les pourvoyeuses de leur famille et de leurs partenaires, mais il y a aussi un courant sous-jacent de peur de ne pas être ou faire assez.

Saturne est la planète dominante du Capricorne et le placement de Saturne et de toute autre planète proche de l'ascendant modifiera l'énergie du signe ascendant. Par exemple, si Saturne est en Poissons, les ascendants Capricorne seront plus intuitifs et connectés à leur côté créatif.

L'ascendant Verseau

Les personnes nées avec un ascendant Verseau, un signe de jour, sont excentriques, curieuses et plus qu'un peu rebelles. Elles sont amicales et adorent les rencontres intellectuelles, surtout si elles portent sur la façon de sauver le monde, ou du moins une partie du monde. Les ascendants Verseau aiment aussi les débats et savent se faire l'avocat du diable. Ce sont des humanistes, souvent idéalistes et tournés vers l'avenir, et ils peuvent peindre leur vision de ce que serait un monde plus égalitaire d'un point de vue progressiste, car ils souhaitent souvent une véritable « humanité » pour les personnes de toutes les convictions. Ils semblent assez détachés émotionnellement tout en se souciant du monde en tant que militants. Les ascendants Verseau ont généralement une apparence jeune avec une stature moyenne et ils ont tendance à porter des vêtements considérés comme excentriques ou individualistes d'une certaine manière. Uranus est la planète dominante du Verseau et le placement de cette planète modifiera le signe ascendant, tout comme les planètes proches de l'ascendant. Par exemple, si la Lune est proche de l'ascendant, la personne peut être un peu plus chaleureuse et plus engagée émotionnellement.

L'ascendant Poissons

Les Poissons sont les rêveurs du zodiaque, car ils semblent flotter dans les royaumes de la fantaisie ; ils ont un cœur très tendre et de la compassion. En tant que signe d'eau mutable, ils reflètent beaucoup ceux qui les entourent et sont des éponges empathiques, ayant souvent une forme changeante qui reflète ceux qui les entourent. Ils sont imaginatifs et créatifs et l'un des signes ascendants les moins ancrés dans le sol, ils fonctionnent donc mieux avec des relations qui les stabilisent et sont sensibles aux personnes manipulatrices. En raison de leur extrême sensibilité, ils sont souvent vulnérables aux drogues de toutes sortes, y compris les médicaments prescrits. Ces personnes peuvent également être sujettes à la dépression parce que le monde n'est pas à la hauteur de leurs rêves et de leurs idéaux. Elles sont souvent belles et ont une apparence chatoyante et éthérée qui charme la plupart des gens. Les personnes bienveillantes veulent les protéger. La planète dominante du signe ascendant des Poissons est Neptune et le placement de Neptune modifiera la façon dont le signe ascendant fonctionne. Par exemple,

Neptune en Taureau signifiera que la personne est plus ancrée et connectée aux choses terrestres. Les planètes proches de l'ascendant vont également modifier le fonctionnement du signe ascendant.

Le persona

« Persona » est un terme utilisé pour décrire l'ascendant ou le signe ascendant. Ce terme a été développé par le psychiatre suisse Carl Jung, qui l'a caractérisé comme « une sorte de masque, conçu d'une part pour faire une impression précise sur les autres, et d'autre part pour dissimuler la véritable nature de l'individu ». Jung et la plupart des astrologues occidentaux modernes voient l'ascendant à travers cette lentille. Nous nous identifions souvent plus à notre ascendant quand nous sommes jeunes et commençons le processus d'individuation quand nous mûrissons. Il est tout à fait possible de s'identifier de manière excessive à l'adaptation sociale de l'ascendant et qu'il masque notre moi authentique par une suradaptation à l'image extérieure.

Comme la persona, en termes jungiens, est l'image publique, nous trouvons souvent des personnalités publiques qui s'identifient trop à celle-ci. Pour citer Jung : « On pourrait dire, avec un peu d'exagération, que la persona est ce que l'on n'est pas en réalité, mais ce que l'on croit être soi-même, ainsi que les autres. » L'astrologie vise à encourager la personne à s'individuer au-delà de la persona.

Les décans

Un décan est une subdivision de 10 ° d'un signe astrologique. Les décans sont complexes et ont été développés depuis l'époque égyptienne, où ils étaient d'abord basés sur 36 étoiles fixes, divisant 360 ° en 36 sections. Ces décans ont été fusionnés avec les douze signes du zodiaque au premier siècle de notre ère, lorsque les traditions égyptienne et mésopotamienne ont convergé. À partir de là, deux systèmes ont émergé, et nous allons explorer le système de triplicité pour donner plus d'informations sur chaque personne. Chaque personne aura son soleil dans un décan, ce qui permet d'approfondir la compréhension de ce placement. Les dates de chaque décan font référence à la date de naissance.

Les décans du Bélier

Le premier décan, gouverné par Mars, est le décan du Bélier. Les personnes nées sous ce décan sont les véritables pionniers du zodiaque et sont très orientées vers l'action, motivées et courageuses. Elles abordent la vie avec le zèle d'un enfant et ont une belle innocence dans leur enthousiasme. Vous êtes dans ce décan si votre soleil est entre 0 ° et 9 ° Bélier, et les dates approximatives pour ce décan sont du 21 mars au 31 mars.

Le deuxième décan du Bélier est gouverné par le Soleil et est le décan du Lion. Le Soleil et le Lion apportent une qualité royale à ces personnes, qui aiment briller dans le monde et recevoir beaucoup d'attention. La qualité fixe du Lion apporte une certaine qualité inamovible à l'énergie de *leadership* de ce décan, ce qui signifie que ces personnes s'en tiennent à leurs objectifs, peu importe ce que les autres veulent. Cela peut être l'énergie du *leader* pompeux. Vous êtes dans ce décan si votre soleil est entre 10 ° et 19 ° Bélier, et les dates approximatives pour ce décan sont du 1er au 11 avril.

Le troisième décan du Bélier est gouverné par Jupiter et est le décan du Sagittaire. Jupiter apporte une qualité d'expansivité et de recherche au signe du Bélier. L'énergie du Bélier est généralement concentrée, mais ce décan aime explorer et rechercher sa vérité personnelle. Ce sont des individus qui suivent leur propre voie. Vous êtes dans ce décan si votre soleil se situe entre 20 ° et 29 ° Bélier, et les dates approximatives pour ce décan sont du 12 avril au 21 avril.

Les décans du Taureau

Le premier décan, gouverné par Vénus, est le décan du Taureau. Ces personnes sont stables et très connectées à la Terre et au monde matériel. Ce décan a une connaissance du corps très instinctive, ce qui signifie qu'elle aime nourrir son corps avec de la bonne nourriture et des choses qui la font se sentir bien en général. La surindulgence et l'inflexibilité peuvent être le revers de cette énergie, mais ces personnes ont une présence très paisible et aimante et sont généralement très sensuelles et sexuelles. Vous êtes dans ce décan si votre soleil est entre 0 ° et 9 ° Taureau, et les dates approximatives de ce décan sont du 22 avril au 1er mai.

Le deuxième décan est gouverné par Mercure et est le décan de la Vierge. L'influence de Mercure et de la Vierge apporte plus de souplesse à l'énergie habituellement têtue du Taureau. Ces personnes sont pragmatiques et réalistes, mais d'une manière très calme et sans prétention. La sensibilité de la Vierge et de Mercure peut faire paraître ces décans ternes aux yeux des personnes de nature plus visionnaire et idéaliste, car ce sont ceux qui leur diront toujours qu'elles ne vivent pas dans la réalité. Vous êtes dans ce décan si votre soleil se trouve entre 10 ° et 19 ° Taureau, et les dates approximatives pour ce décan sont du 2 au 11 mai.

Le troisième décan du Taureau est gouverné par Saturne et est le décan du Capricorne. Ces personnes sont un peu plus éloignées de l'énergie indulgente du Taureau, car elles peuvent être trop occupées à construire et à grimper pour profiter des fruits de leur travail, même si elles aiment toujours posséder les bonnes choses de la vie. Elles ont une présence plus austère et peuvent sembler ennuyeuses pour certains. Cependant, elles sont les maîtres d'œuvre de structures solides et durables dans leur vie, que ce soit une carrière, un foyer ou une famille. Une fois que vous avez appris à connaître la personne qui se cache derrière l'envie de construire, elle peut être assez drôle et sensuelle en surface. Vous êtes dans ce décan si votre soleil est entre 20 ° et 29 ° Taureau, et les dates approximatives de ce décan sont du 12 au 21 mai.

Les décans des Gémeaux

Le premier décan des Gémeaux, gouverné par Mercure, est le décan des Gémeaux. Les personnes nées avec le soleil dans ce décan sont extrêmement curieuses, et vous les trouverez toujours en train d'absorber des informations provenant de sources diverses. Elles sont également susceptibles d'être dispersées et facilement distraites car elles passent d'une chose à l'autre. Ce phénomène est également connu sous le nom de syndrome de l'objet brillant. Leur esprit est très rapide et elles comprennent beaucoup d'informations de manière détachée, mais à cause de leur tendance à être facilement distraites, elles s'intéressent rarement à un sujet en particulier. Vous êtes dans ce décan si votre soleil est entre 0 ° et 9 ° Gémeaux, et les dates approximatives de ce décan sont du 22 mai au 1er juin.

Le deuxième décan des Gémeaux est gouverné par Vénus et est celui de la Balance. Ce sont des personnes sociales qui veulent être entourées et converser avec les autres autant que possible. Elles sont, comme tous les Gémeaux, curieuses et voudront tout savoir sur vous et ce qui vous fait vibrer. Leur curiosité naturelle les pousse également à étudier l'art ou les merveilles de la nature, par exemple. Ces personnes ont cependant tendance à se voir à travers les yeux des autres, ce qui peut les empêcher de prendre des décisions sans l'avis de ceux-ci. Elles font de très bons médiateurs, car elles voient le bon côté des gens et peuvent le présenter à l'autre partie dans une négociation. Vous êtes dans ce décan si votre soleil est entre 10 ° et 19 ° Gémeaux, et les dates approximatives de ce décan sont du 2 au 11 juin.

Le troisième décan des Gémeaux est gouverné par Uranus et est le décan du Verseau. Ce sont les personnes qui ont une vision d'ensemble et qui sont capables de trouver des concepts innovants. Elles sont les plus détachées émotionnellement et peuvent, pour cette raison, sembler distantes des autres. Cependant, c'est parce qu'elles ont une vue d'ensemble et voient les liens nécessaires pour aider l'humanité dans son ensemble. L'étendue de leurs connaissances est énorme et leur vision est comme un puzzle géant composé de pièces apparemment disparates. Elles sont généralement très amicales, mais voudront parler de grandes idées plutôt que d'engager la conversation. Vous êtes dans ce décan si votre soleil est entre 20 ° et 29 ° Gémeaux, et les dates approximatives de ce décan sont du 12 au 21 juin.

Les décans du Cancer

Le premier décan du Cancer est gouverné par la Lune. Il s'agit de personnes extrêmement sensibles et compatissantes sur le plan émotionnel, qui prennent soin de ceux qu'elles aiment avec une capacité inépuisable de connexion émotionnelle. Cependant, cela peut conduire à une identification à ce rôle à un tel degré qu'elles ne communiquent jamais leurs propres besoins émotionnels. Cela peut conduire à l'insécurité et à un comportement de manipulation émotionnelle. Il est également probable qu'elles aient du mal à se débarrasser de leurs blessures du passé. Elles aiment avec intensité, ce qui peut être réconfortant pour certains et accablant pour d'autres. Vous êtes dans ce décan si votre soleil se situe entre 0 ° et 9 ° Cancer, et les dates approximatives de ce décan sont du 22 juin au 1er juillet.

Le deuxième décan Cancer est gouverné par Pluton et est le décan Scorpion. Les émotions de ces personnes sont aussi profondes que l'océan le plus profond et, comme l'océan, ces émotions peuvent être difficiles à atteindre et à exprimer. Pour cette raison, ces personnes peuvent sembler presque sans émotion et leur réserve naturelle s'ajoute à cela. Bien sûr, ce n'est qu'une impression de surface, car c'est le contraire qui est vrai. Elles ressentent si profondément qu'elles sont prêtes à faire n'importe quoi pour ceux qu'elles aiment, jusqu'au sacrifice de soi. La profondeur du Scorpion peut également les rendre possessives à l'égard de ceux qu'elles aiment, mais elles sont capables d'écouter les autres comme personne. Vous êtes dans ce décan si votre soleil se situe entre 10 ° et 19 ° Cancer, et les dates approximatives de ce décan sont du 2 au 11 juillet.

Le troisième décan du Cancer est gouverné par Neptune et est le décan des Poissons. Ce sont les personnes les plus sensibles et les plus douces que vous puissiez rencontrer. Elles ont une présence très éthérée, car leurs humeurs changent en fonction de tout ce qui les entoure. Il est souvent difficile de savoir ce qu'elles ressentent vraiment, et elles-mêmes n'en sont pas toujours conscientes. Elles sont, comme les personnes du premier décan, infatigables lorsqu'elles prennent soin de ceux qu'elles aiment, mais elles ont en plus tendance à se sentir victimes lorsqu'elles ont l'impression que les autres profitent d'elles. Ces personnes doivent apprendre à créer de meilleures limites personnelles. Vous êtes dans ce décan si votre soleil se situe entre 20 ° et 29 ° Cancer, et les dates approximatives de ce décan sont du 12 au 21 juillet.

Les décans du Lion

Le premier décan du Lion est gouverné par le Soleil et est le décan du Lion. C'est le maître de tous, ou du moins c'est ainsi que cette personne se voit. Ces personnes se considèrent comme spéciales et ont le droit d'être des *leaders* ou d'être adorées dans tout ce qu'elles font, de la manière la plus agréable qui soit. Elles ont l'impression d'être nées pour être les premières et, à bien des égards, elles ont raison, car elles rayonnent de chaleur et d'une présence royale. Le Lion est gouverné par le cœur et beaucoup de ceux qui appartiennent à ce décan sont des *leaders* bienveillants, mais ils manquent souvent d'humilité. Lorsque les autres ne les voient pas comme ils se voient eux-mêmes ou ne les traitent pas avec l'attention qu'ils pensent mériter, ils peuvent se sentir très blessés. Vous êtes dans ce décan si votre soleil se situe entre 0 ° et 9 ° Lion, et les dates approximatives de ce décan sont du 22 juillet au 1er août.

Le deuxième décan du Lion est gouverné par Jupiter et est le décan du Sagittaire. Ce sont les joueurs et les preneurs de risques du signe, car l'influence de Jupiter apporte une vibration expansive et le sentiment d'être si chanceux que tout ce qu'ils touchent se transformera en or. C'est souvent le cas. Ils ont également tendance à faire profiter leur entourage de ce sentiment de bien-être, car ils sont généreux à l'excès. Cette tendance à la prise de risques peut aussi les conduire à se surpasser parfois, mais ils retombent généralement sur leurs pieds. Vous êtes dans ce décan si votre soleil se situe entre 10 ° et 19 ° Lion, et les dates approximatives de ce décan sont du 2 au 11 août.

Le troisième décan du Lion est gouverné par Mars et est le décan du Bélier. C'est le lion guerrier qui va aller dans le monde avec un sentiment de droiture et de possibilité, qui croit vraiment qu'il peut réaliser tout ce qu'il désire. Sa volonté est si forte et son désir si grand qu'il réalise souvent ce qu'il désire. La qualité fixe du Lion lui permet de s'accrocher à la réalisation de ses désirs, mais peut aussi le rendre têtu et résistant à toute contribution des autres, et il admet rarement ses erreurs. Il est cependant très ouvert et honnête, peu importe ce que les autres disent ou pensent. Vous êtes dans ce décan si votre soleil se trouve entre 20 ° et 29 ° du Lion, et les dates approximatives de ce décan sont du 12 au 21 août.

Les décans de la Vierge

Le premier décan de la Vierge, gouverné par Mercure, est le décan de la Vierge. Les personnes nées sous ce décan ont un esprit très intellectuel et extrêmement rationnel. Elles sont productives à l'excès et cherchent toujours à rendre leur journée plus productive afin d'être plus utiles avec leur temps. Elles aiment les relations intellectuelles dans lesquelles elles peuvent discuter de plans et d'idées avec leur entourage. Ce sont également de grandes inquiètes et leur autocritique intérieure est probablement la plus forte de toutes les personnes du zodiaque, car elles analysent tout constamment. L'énergie mutable de ce décan signifie qu'elles sont souvent en train de corriger le tir, ce qui peut être à la fois une bénédiction et une malédiction. Vous êtes dans ce décan si votre soleil est entre 0 ° et 9 ° Vierge, et les dates approximatives pour ce décan sont du 22 août au 1er septembre.

Le deuxième décan de la Vierge est gouverné par Saturne et est le décan du Capricorne. L'énergie initiatrice de Saturne et du Capricorne soulage un peu la paralysie d'analyse potentielle de la Vierge et l'encourage à agir pour créer des structures qui lui donnent une sécurité matérielle. Ces personnes ont tendance à se surpasser, cherchant à continuer à construire et à gagner de l'argent, et sont des investisseurs plus que des dépensiers car cela leur donne le sentiment de réussite dont elles ont besoin. Elles peuvent aussi jeter l'éponge sur certains projets si elles ont le sentiment d'échouer. Elles sont très responsables et sont d'excellentes gestionnaires, mais leur volonté de réussir peut les amener à passer à côté des aspects plus légers et plus amusants de la vie. Vous êtes dans ce décan si votre soleil est entre 10 ° et 19 ° Vierge, et les dates approximatives de ce décan sont du 2 au 11 septembre.

Le troisième décan de la Vierge est gouverné par Vénus et est le décan du Taureau. La présence apaisante de Vénus et l'influence stabilisatrice du Taureau rendent ce décan de la Vierge moins tendu que les autres. La Vierge aime faire des choses avec ses mains, et vous pourriez trouver ce décan créatif dans un domaine qui nécessite de mouler ou d'utiliser d'autres matériaux terrestres, comme la sculpture ou la peinture. Ce sont des personnes qui bougent lentement et qui sont généralement assez réservées et autonomes. Elles aiment aussi bien s'habiller et être belles, mais de manière très soignée. Elles sont rarement flamboyantes. Vous êtes dans ce décan si votre soleil est entre 20 ° et 29 ° Vierge, et les dates approximatives de ce décan sont du 12 au 21 septembre.

Les décans de la Balance

Le premier décan de la Balance, gouverné par Vénus, est le décan de la Balance. Ces personnes sont des amoureux de la beauté, du plaisir et des autres. Elles aiment l'harmonie, la paix, et que la vie soit douce et agréable. Elles sont plus heureuses lorsqu'elles sont en couple, mais l'ombre de la Balance est qu'elles peuvent parfois devenir argumentatives et se disputer juste pour le plaisir. Elles ont également un sens aigu de ce qui fonctionne dans les affaires, et un premier décan équilibré permettra de l'utiliser et de créer un équilibre sain entre vie professionnelle et vie privée. Lorsqu'elles sont aussi équilibrées qu'elles peuvent l'être, elles ont tendance à vivre dans un endroit paisible et beau, tant à l'extérieur qu'à l'intérieur. Vous êtes dans ce décan si votre soleil est entre 0 ° et 9 ° Balance, et les dates approximatives pour ce décan sont du 22 septembre au 1er octobre.

Le deuxième décan de la Balance est gouverné par Uranus et est celui du Verseau. Ces personnes sont plus individualistes que les autres décans de la Balance, et elles sont plus attirées par l'intellect des autres dans leur vie que par l'aspect visuel des choses. Elles ont également besoin de plus d'espace personnel pour trouver l'équilibre dont la Balance a besoin. Vous êtes dans ce décan si votre soleil se situe entre 10 ° et 19 ° Balance, et les dates approximatives de ce décan sont du 2 au 11 octobre.

Le troisième décan de la Balance est gouverné par Mercure et est celui des Gémeaux. Ce sont des personnes charmantes qui peuvent séduire les autres avec leurs mots, mais elles sont aussi plus changeantes et agitées, ce qui peut perturber l'équilibre et l'harmonie nécessaires à la Balance. Elles sont très sociables et ont besoin de converser avec les autres sur une base régulière. Vous êtes dans ce décan si votre soleil est entre 20 ° et 29 ° Balance, et les dates approximatives pour ce décan sont du 12 au 21 octobre.

Les décans du Scorpion

Le premier décan du Scorpion, gouverné par Pluton, est le décan du Scorpion. Ces personnes sont profondes et extrêmement intenses. Elles peuvent, presque inconsciemment, jouer à des jeux de pouvoir avec les autres en essayant de satisfaire leurs désirs et leurs envies profondes. Elles sont souvent possessives et peuvent être obsessionnelles, car elles désirent fusionner avec ceux avec qui elles sont en relation. Ce ne sont pas les personnes les plus faciles à côtoyer, mais elles aiment très profondément si vous pouvez supporter la chaleur. Vous êtes dans ce décan si votre soleil est entre 0 ° et 9 ° Scorpion, et les dates approximatives pour ce décan sont du 22 octobre au 1er novembre.

Le deuxième décan du Scorpion est gouverné par Neptune et est le décan des Poissons. Les personnes nées sous ce décan sont très intuitives et séduisantes. Elles magnétisent les autres avec un glamour qui parfois ne révèle pas ce qui se passe réellement. Leur imagination est assez magique, et leurs idéaux sont élevés, mais parfois totalement irréalistes.

Vous êtes dans ce décan si votre soleil est entre 10 ° et 19 ° Scorpion, et les dates approximatives de ce décan sont du 2 au 11 novembre.

Le troisième décan du Scorpion, gouverné par la Lune, est le décan du Cancer. Les qualités nourricières et aimantes de la Lune et du Cancer adoucissent considérablement l'intensité du Scorpion, bien que leur nature réceptive veuille toujours se connecter aux autres à un niveau émotionnel profond. Ces personnes sont très loyales, mais avec un niveau de confiance plus élevé. Vous êtes dans ce décan si votre soleil est entre 20 ° et 29 ° Scorpion, et les dates approximatives pour ce décan sont du 12 au 21 novembre.

Les décans du Sagittaire

Le premier décan du Sagittaire est le décan du Sagittaire, gouverné par Jupiter. Ces personnes sont aventureuses et optimistes, bien qu'elles puissent parfois manquer de tact. Elles étudient souvent les philosophies et les principes supérieurs, y compris ceux des diverses religions, et ont tendance à apprendre tout au long de leur vie. Elles peuvent aussi avoir tendance à être dogmatiques et à prêcher ce qu'elles savent. Vous êtes dans ce décan si votre soleil est entre 0 ° et 9 ° Sagittaire, et les dates approximatives pour ce décan sont du 22 novembre au 1er décembre.

Le deuxième décan du Sagittaire est gouverné par Mars et est celui du Bélier. Ces personnes peuvent être sujettes à des accidents, car le Sagittaire en général a tendance à galoper partout. Combinées avec l'énergie de Mars, elles ne regardent pas toujours où elles vont. Elles se remettent constamment en question et sont généralement totalement ouvertes et honnêtes. Ces personnes ont besoin d'action et de mouvement. Vous êtes dans ce décan si votre soleil est entre 10 ° et 19 ° Sagittaire, et les dates approximatives de ce décan sont du 2 au 11 décembre.

Le troisième décan du Sagittaire est le décan du Lion, qui est gouverné par le Soleil. Il s'agit d'un autre placement de prise de risques, et la combinaison peut amener ces personnes à jouer dans la vie car elles recherchent l'aventure et l'expérience. Elles sont intègres, mais elles peuvent aussi laisser leur orgueil les empêcher de viser haut, ce qui peut les conduire à la chute. Vous êtes dans ce décan si votre soleil est entre

20 ° et 29 ° Sagittaire, et les dates approximatives pour ce décan sont du 12 au 21 décembre.

Les décans du Capricorne

Le premier décan du Capricorne, gouverné par Saturne, est le décan du Capricorne. Ces personnes ont une grande détermination et peuvent déplacer des montagnes. Elles sont très sérieuses et responsables. Parce qu'elles ont le double de l'énergie responsable du Capricorne, elles peuvent aussi avoir le double de la peur de ne pas être suffisantes et doivent se méfier de travailler trop dur à cause de leur peur de l'échec. Vous êtes dans ce décan si votre soleil est entre 0 ° et 9 ° Capricorne, et les dates approximatives de ce décan sont du 22 décembre au 1ᵉʳ janvier.

Le deuxième décan du Capricorne est gouverné par Vénus et est celui du Taureau. Les décans intermédiaires sont souvent les plus équilibrés et le décan intermédiaire du Capricorne n'est pas différent. L'énergie de Vénus et du Taureau signifie que ces personnes sont toujours responsables et déterminées, mais qu'elles veilleront également à se détendre et à profiter du confort que leur apportent leurs réalisations. Elles sont plus heureuses avec une approche plus lente de la réussite. Vous êtes dans ce décan si votre soleil est entre 10 ° et 19 ° Capricorne, et les dates approximatives de ce décan sont du 2 au 11 janvier.

Le troisième décan du Capricorne est gouverné par Mercure et est celui de la Vierge. Ces personnes sont plus impatientes que celles des deux premiers décans de ce signe et cherchent toujours à rendre tout ce qu'elles font plus fonctionnel afin de pouvoir passer à la chose suivante plus rapidement. Elles sont plus nerveuses, car elles peuvent se sentir freinées par la détermination implacable du Capricorne. Vous êtes dans ce décan si votre soleil se situe entre 20 ° et 29 ° Capricorne, et les dates approximatives de ce décan sont du 12 janvier au 21 janvier.

Les décans du Verseau

Le premier décan du Verseau est le décan du Verseau, gouverné par Uranus. Ces personnes sont de véritables individualistes et anticonformistes. Ce sont des humanitaires à l'esprit progressiste et sociable, bien qu'elles n'aient souvent qu'un petit cercle d'amis. Elles sont toujours en train d'imaginer de nouveaux plans et de nouvelles idées, et leur esprit est rarement calme ; leur réflexion excessive peut entraîner de l'anxiété si elles n'ont pas de temps d'arrêt solitaire. Vous êtes dans ce décan si votre soleil est situé entre 0 ° et 9 ° Verseau, et les dates approximatives de ce décan sont du 22 janvier au 1er février.

Le deuxième décan du Verseau est gouverné par Mercure et est celui des Gémeaux. Ces personnes ont une nature similaire à celle du premier décan, mais avec une sensation plus légère. Ce sont toujours des individus introvertis, mais ils sont plus sociables et plus curieux du monde que des idées abstraites. Ce sont souvent des amoureux de la littérature. Ils sont aussi généralement de grands communicateurs, avec le désir d'enseigner tout ce qu'ils étudient aux autres. Vous êtes dans ce décan si votre soleil se situe entre 10 ° et 19 ° Verseau, et les dates approximatives de ce décan sont du 2 au 11 février.

Le troisième décan du Verseau est celui de la Balance, gouverné par Vénus. Ces personnes sont généralement de grandes politiciennes par nature, car elles sont très douées avec les gens et se soucient vraiment d'améliorer la vie des autres. Elles peuvent généralement voir ce qu'il y a de mieux chez les gens et veulent aider à le faire ressortir. Elles sont souvent très gracieuses et sveltes. Vous êtes dans ce décan si votre soleil est entre 20 ° et 29 ° Verseau, et les dates approximatives de ce décan sont du 12 au 21 février.

Les décans des Poissons

Le premier décan des Poissons est gouverné par Neptune et est celui des Poissons. Ces personnes sont presque des éponges psychiques, sensibles à tout ce qui les entoure. Elles sont très intuitives et connectées à l'inconscient collectif. Elles sont généralement attirées par les expériences mystiques. On profite facilement d'elles, car elles ont peu de limites et semblent souvent être un nuage nébuleux de rêves et de créativité. Vous êtes dans ce décan si votre soleil est entre 0 ° et 9 ° Poissons, et les dates approximatives de ce décan sont du 22 février au 1er mars.

Le deuxième décan des Poissons est le décan du Cancer, gouverné par la Lune. Ces personnes sont des romantiques créatives, mais elles recherchent la sécurité et la sûreté plus que tout autre décan. Elles sont d'une loyauté sans faille envers ceux qu'elles aiment et peuvent être très nécessiteuses si elles ne se sentent pas en sécurité. Leurs capacités artistiques et ménagères s'épanouissent lorsqu'elles sont en sécurité. Les personnes nées sous ce décan ont besoin de la sécurité du foyer et de liens familiaux étroits, mais également de beaucoup de temps seules dans cette structure. Vous êtes dans ce décan si votre Soleil est entre 10 ° et 19 ° Poissons, et les dates approximatives de ce décan sont du 2 mars au 11 mars.

Le troisième décan des Poissons est gouverné par Pluton et est celui du Scorpion. Les personnes nées sous ce décan sont souvent attirées par les domaines du caché et du tabou, tels que ceux de la magie, de la médiumnité et de la mort. Elles sont souvent finement connectées à l'autre côté et peuvent même voir les esprits. Au minimum, elles sont profondément intuitives et peuvent sentir ce qui se passe dans leur entourage. Vous êtes dans ce décan si votre soleil se situe entre 20 ° et 29 ° Poissons, et les dates approximatives de ce décan sont du 12 au 21 mars.

Chapitre 5 : Planètes et autres corps essentiels

Les cartes astrologiques sont créées à partir de nombreux éléments. Ce chapitre traite des planètes et des autres corps essentiels, qui peuvent être décrits comme le « quoi » du thème, les signes étant le « comment » des planètes en vous et les maisons étant le « où », ou les domaines de vie.

Le « quoi » de votre thème représente des choses telles que vos émotions, votre dynamisme, votre nature amoureuse, votre esprit, ou, pour le dire autrement, des parties intégrantes de votre personne. Les différents signes montrent comment ces parties du moi sont représentées chez une personne et si c'est, par exemple, d'une manière plus enthousiaste ou plus réservée. La maison, ou le « où », indique les domaines de la vie dans lesquels la planète et le signe opèrent de manière prépondérante chez les individus.

Historiquement, l'astrologie utilisait les deux luminaires, le Soleil et la Lune, et les cinq planètes visibles : Mercure, Vénus, Mars, Jupiter et Saturne. L'astrologie moderne, cependant, utilise également des corps cosmiques découverts plus récemment. Certains d'entre eux sont présentés ici, d'autres seront abordés plus loin dans le livre.

Dans la deuxième partie, vous apprendrez à structurer et à interpréter un thème de naissance. Ces sections vous serviront de référence lorsque vous intégrerez toutes les parties du thème pour créer une image holistique de votre personne.

Le Soleil

Le Soleil est le principe d'organisation central du système solaire et du soi. C'est le noyau de l'identité et le Soleil dans votre thème vous donne de l'énergie. Le Soleil est l'énergie du jour, car il brille clairement dans la journée et est une inspiration du souffle qui dynamise notre corps. Comme dans le système solaire, tout le reste tourne autour de ce noyau brillant. Le Soleil régit le signe du Lion et le cœur, ce qui indique que le Soleil est le cœur de votre personne. Le Soleil est considéré comme une énergie masculine, ou yang dans la culture occidentale moderne, mais dans de nombreuses autres traditions, il est considéré comme féminin en raison de ses qualités vitales. Le Soleil fonctionne comme votre PDG ou votre chef d'orchestre, et lorsque vous êtes en phase avec l'énergie de votre signe solaire personnel, vous opérez de manière optimale. Le soleil représente également l'expression de soi, le sens du but, la créativité et l'ego dans son sens le plus sain.

L'expression la plus élevée de l'énergie solaire est le *leader* bienveillant qui illumine la vie des autres et qui est stimulé par la façon dont il éclaire les autres. Dans sa moindre expression, le Soleil peut être vantard et égoïste. Comme le Soleil dans le système solaire, l'énergie du Soleil en nous peut être atténuée ou bloquée par d'autres placements, et un signe solaire bloqué rend plus difficile l'expression de cette énergie.

La Lune

La Lune représente vos besoins émotionnels et votre relation aux sentiments. C'est l'énergie de la nuit et l'énergie de l'expiration lorsque nous nous détendons à la fin de la journée. Le signe du Cancer et la quatrième maison sont tous deux régis par la Lune. La Lune représente également votre relation à la famille, à la maison et à vos ancêtres.

La Lune est réceptive et réfléchie, elle n'émet pas de lumière propre. Pour cette raison, les cultures occidentales ont désigné la Lune comme étant une énergie yin ou féminine, en raison de la représentation du féminin comme étant passif. D'autres traditions, cependant, croient que le Soleil est l'ovule et la Lune le sperme. La Lune est visiblement l'énergie de la nuit, où nous expirons, nous nous reposons et récupérons notre énergie.

La Lune est notre base de sécurité et représente souvent la mère, ou la personne qui nous a « materné » au début de notre vie. La Lune régit les rythmes corporels, y compris les cycles menstruels et les cycles de sommeil, et il est communément admis que nous dormons moins et avons plus d'énergie lorsque la Lune est pleine, et que nous sommes plus concentrés sur nous-mêmes et avons besoin de temps seuls dans l'obscurité de la Lune. Comme notre position lunaire en dit long sur notre réaction au monde extérieur, les phases de la Lune nous affectent également. Il y a un flux et un reflux de l'énergie lunaire.

Mercure

Mercure est à la fois une énergie diurne et nocturne, une inspiration et une expiration, puisque Mercure régit les signes des Gémeaux, les jumeaux, et de la Vierge, le service et l'utilité. Mercure est le plus non binaire des corps planétaires, et le fait que la planète gouverne à la fois le signe aérien yang (jour) des Gémeaux et le signe nocturne yin (terre) de la Vierge l'indique.

Mercure est la première des planètes personnelles après les luminaires, le Soleil et la Lune. Mercure représente l'esprit, la communication, le messager, le détail, la capacité technique, la perception et l'apprentissage. Mercure représente également la coordination, la façon dont notre esprit demande à nos voies neuronales de se coordonner.

Selon le placement de Mercure et la façon dont nous incarnons notre Mercure, il peut être curieux, spirituel, sociable et polyvalent ou nerveux, trop préoccupé par les détails et même très tendu. Mercure est également associé à l'archétype du filou ; le fait que la planète semble rétrograder trois ou quatre fois par an est révélateur de sa nature de filou, car Mercure rétrograde est réputé pour ses problèmes techniques et ses erreurs de communication. L'archétype du filou est celui qui renverse les règles et les comportements conventionnels.
Mercure est associé à Hermès, le messager des dieux. C'est la planète la plus proche du Soleil, notre noyau, et elle transmet les informations du noyau à la Terre. Mercure voyage étroitement avec le Soleil depuis notre perspective et se trouve toujours dans le même signe que le Soleil ou dans l'un des deux signes adjacents.

Vénus

Vénus est généralement connue comme la planète de l'amour et, bien sûr, l'astrologie moderne l'a définie comme féminine, malgré le fait que Vénus gouverne à la fois la Balance, un signe d'air diurne, et le Taureau, un signe de terre nocturne. Comme Mercure, Vénus est à la fois le jour et la nuit, l'expiration et l'inspiration. Les définitions de l'astrologie moderne reflètent les préjugés sexistes et expliquent pourquoi certains ne se sont jamais identifiés à des concepts tels que « les hommes viennent de Mars et les femmes de Vénus ».

Vénus est la deuxième des planètes personnelles, la deuxième planète à partir du Soleil et la plus proche de la Terre. Vénus, comme Mercure, voyage étroitement avec le Soleil de notre point de vue et se trouve toujours soit dans le même signe que le Soleil, soit dans l'un des signes adjacents à celui-ci.

Vénus gouverne les sens et symbolise donc la relation avec tout ce qui peut être vu, touché, entendu, senti et goûté, ce qui inclut les gens, la nature, l'argent, la nourriture et les choses.
Vénus symbolise également les valeurs, les arts, la beauté, la sensualité, l'harmonie et la médiation, mais aussi l'indécision, l'inertie et l'excès de gourmandise.
Vénus a un cycle qui reflète une énergie plus complexe et binaire : quand elle se lève au-dessus du Soleil, Vénus est « l'étoile du matin », connue sous le nom de Phosphore ou Lucifer, le porteur de lumière, une Vénus yang (jour) sortante. Lorsqu'elle se couche après le Soleil, Vénus est l'étoile du soir, ou Hesperus, qui est un placement yin (nuit) beaucoup plus réceptif.

Mars

Mars est la dernière des planètes personnelles et la seule planète personnelle à être plus éloignée du Soleil que la Terre. Comme Mars nous conduit aux confins du système solaire et loin du Soleil, l'énergie de la planète elle-même est plus extravertie. Mars régit le Bélier, le pionnier du zodiaque. Il est intéressant de noter que Mars régit également le Scorpion en astrologie traditionnelle. L'astrologie traditionnelle fait généralement référence à des pratiques qui n'utilisent que les planètes et les corps essentiels visibles à l'œil nu, de sorte qu'elle attribue la domination des signes aux corps planétaires, de la lune à Saturne. En tant que souverain traditionnel du Scorpion, la planète rouge affiche une désignation nocturne et expirante. En astrologie moderne, Mars représente l'énergie yang (jour). Mars symbolise l'action, le dynamisme, le courage, le *leadership*, l'affirmation, l'agression et la colère.

On dit souvent que Mars symbolise le combat et la compétition, mais il faut souligner que la Balance, dominée par Vénus, régit la guerre elle-même, ainsi que la paix. Encore une fois, l'astrologie est plus complexe que certains pourraient le penser.

Mars est associé au physique et à la compétition en général. Les couteaux et les armes à feu sont également des images liées à Mars. Mars est la passion, l'impatience et la force vitale, et en tant que tel, il est une inspiration du souffle. Sans Mars, nous n'arriverions pas à grand-chose dans la vie. Mars nous aide à réaliser nos désirs. Mars est notre nature animale et nous l'avons tous en nous à un degré plus ou moins élevé, en fonction de son placement dans l'horoscope individuel. Dans son incarnation nocturne en tant que souverain traditionnel du Scorpion, Mars est pénétrant et passionné.

Jupiter

Jupiter est souvent considéré comme la première des planètes sociales, à mesure que nous nous éloignons du Soleil, et représente une transition entre les planètes personnelles et les planètes extérieures, plus récemment découvertes, transpersonnelles ou collectives. Jupiter est une planète de jour en tant que maître du signe de feu Sagittaire. En tant que souverain traditionnel des Poissons, Jupiter est une planète de nuit ou d'expiration. Cette énergie diffuse doit être prise en compte lorsque vous observez la planète dans le thème d'un individu.

Jupiter gouverne le Sagittaire, le signe de la recherche de la vérité et de la croyance, et la neuvième maison. Jupiter est le gourou ou l'enseignant du zodiaque et symbolise l'énergie divine. Dans le panthéon romain, il y avait à l'origine un conseil de six dieux et six déesses appelé *Dei Consentes*, mais Jupiter est devenu le dieu principal plus tard dans la culture romaine. Jupiter, en tant que dieu du ciel, symbolise la liberté, l'optimisme, la générosité, la chance, l'expansion, l'ampleur et la vérité. Jupiter est le prophète, le sage, le voyageur et l'explorateur du monde. Jupiter symbolise également la grandiosité, l'inflation et le fanfaron. Jupiter est souvent considéré comme la planète de la chance, et cela peut être vrai, mais Jupiter représente aussi la surexpansion et les excès de toutes sortes.

Saturne

Saturne est la deuxième des planètes sociales et la dernière des planètes originelles visibles à l'œil nu qui étaient utilisées dans l'astrologie traditionnelle. Saturne gouverne le signe de terre yin du Capricorne, et pourtant, des caractéristiques traditionnellement considérées comme masculines sont attribuées à la planète. Nous devons nous rappeler que tous les genres ont ces qualités en eux. Saturne est une énergie nocturne, plus froide, et est une expiration du souffle en tant que souverain du Capricorne. Cependant, en tant que souverain traditionnel d'Uranus, Saturne présente également une énergie de jour ou d'inspiration. Veuillez prendre en compte l'énergie diurne ou nocturne du placement de Saturne dans le signe lorsque vous interprétez votre thème. Saturne est également associé à la dixième maison.

Saturne symbolise l'autorité extérieure, ce qui est approprié pour ce qui était considéré comme la limite extérieure de notre système solaire. Un autre symbole pour Saturne est le parent, le père ou l'énergie du parent qui a montré plus d'énergie yang. Saturne symbolise les frontières, les règles, les limitations, la peur, le déni et le contrôle. Saturne symbolise également la maturité, la tradition, la réalité sensorielle et l'ancienneté.
Saturne a parfois été malmené pour ces qualités, mais des frontières et une conscience raisonnable des limites sont importantes pour pouvoir construire les structures de notre vie. C'est là que nous fermons la porte, au sens propre ou figuré, pour récupérer après l'énergie de la journée orientée vers l'action. Saturne peut être la colonne vertébrale et l'ancre de votre vie si vous choisissez de travailler avec ce placement dans votre thème.

Uranus

Uranus est la première des planètes transpersonnelles récemment découvertes qui ne sont pas visibles à l'œil nu. Uranus a été découverte par William Herschel en 1781 et ce fut un choc de découvrir une planète au-delà des limites du système solaire connu jusqu'alors. Uranus régit le Verseau et la onzième maison. La découverte d'Uranus a ouvert la voie à la découverte de forces collectives plus importantes, ce qui a conduit à ouvrir l'esprit des astrologues. Des concepts tels que l'âme et les grands cycles planétaires avaient auparavant été limités par ce que l'on pensait être un système fermé avec Saturne à la limite extérieure. Cela indique l'énergie d'éveil et les frontières brisées que symbolise Uranus.

Uranus a également un axe de rotation qui se situe à 98 ° de la perpendiculaire, ce qui la distingue des autres corps cosmiques. Uranus représente l'individualité, le caractère unique, le non-conventionnel et l'indépendance. Uranus est le révolutionnaire et le rebelle. En tant que tel, c'est une énergie de jour, d'action, d'activité et d'inspiration. L'emplacement d'Uranus dans l'horoscope montre où vous serez appelé à suivre votre propre voie et à vous libérer du statu quo. Uranus est le génie inventif qui est ouvert aux informations et aux idées qui n'ont pas été pensées auparavant, ou aux connexions qui n'ont pas été faites auparavant.

Neptune

Neptune, la deuxième des planètes transpersonnelles, a été découverte en 1846. Comme la nature nébuleuse de Neptune elle-même, elle a été découverte par une prédiction mathématique basée sur l'hypothèse qu'un corps planétaire perturbait l'orbite d'Uranus plutôt que par une simple observation empirique. Nous savons maintenant que Galilée a effectivement observé Neptune au XVIIe siècle, en la confondant peut-être avec une étoile. Ces expériences de découverte déroutantes sont emblématiques du symbolisme de Neptune.

Neptune régit les Poissons et la douzième maison et symbolise l'illusion, la confusion, la conscience elle-même, la sensibilité psychique et l'énergie créatrice en transe. Tous les domaines du mysticisme et du mystère sont symbolisés par Neptune, tout comme les complexes de dépendance et de victimisation. Neptune est sans limites et sacrificiel, mais aussi guérisseur et doux. L'énergie de Neptune dissout et rend plus nébuleux tout ce qu'elle touche. En tant que planète réceptive et sensible, Neptune est une énergie nocturne ou une expiration.

Les planètes naines

La découverte par les astronomes de ce que l'on appelle actuellement les planètes naines a modifié l'astrologie à un rythme plus rapide que jamais.

Ces découvertes coïncident avec le passage de l'ère des Poissons à celle du Verseau. Les âges astrologiques représentent chacun une période majeure de l'Histoire. Chaque âge astrologique dure environ 2 160 ans et nous traversons tous les âges sur 25 920 ans. L'ère des Poissons a commencé à peu près en même temps que la naissance du christianisme, et nous sommes actuellement en transition entre l'ère des Poissons et l'ère suivante, celle du Verseau (les âges vont à rebours à travers les signes).

La découverte d'Éris en 2005 a secoué le monde de l'astronomie et a conduit à la nouvelle désignation de « planète naine » en 2006 ainsi qu'à la rétrogradation de Pluton et à la promotion de Cérès, autrefois considérée comme un astéroïde.

Depuis la découverte d'Éris, plusieurs autres planètes naines ont été découvertes, dont Haumea et MakeMake, et on envisage de découvrir Sedna, Orcus, Quaoar, Varuna, Ixion et quelques autres objets transneptuniens dans la ceinture de Kuiper. Certaines estimations suggèrent qu'il y a au moins 100 objets pouvant être classés comme planètes naines qui doivent encore être découverts lors de l'exploration de la ceinture de Kuiper et des milliers d'autres au-delà.

De nombreux astrologues commencent à explorer certains de ces objets dans leur travail, mais comme il s'agit d'un domaine d'étude récemment découvert et que de nouvelles découvertes ont lieu en permanence, ce livre ne couvrira que Pluton et Cérès.

Pluton

Pluton est la dernière des planètes transpersonnelles utilisées dans la plupart des astrologies modernes. En fait, Pluton n'est plus une planète selon le monde astronomique, car elle a été rétrogradée après la découverte de la planète naine Éris. L'astéroïde Cérès a été promu au statut de planète naine au même moment, créant ainsi une toute nouvelle classification des corps cosmiques. Cela n'a cependant pas diminué le pouvoir inhérent à Pluton. Pluton étant l'énergie de la transformation, n'est-il pas surprenant qu'il transforme l'astrologie, tout comme les planètes naines récemment découvertes ?

Pluton régit le Scorpion et la huitième maison et est une énergie de nuit, ou d'expiration. Pluton symbolise la transformation personnelle, la profondeur psychologique et le désir de l'âme d'évoluer. En tant que gardien du monde souterrain, Pluton protège nos ressources personnelles qui sont enfouies dans les profondeurs de notre psyché. Tout ce qui est considéré par beaucoup comme tabou est symbolisé par Pluton, y compris la sexualité, la répression, la dépression et les comportements obsessionnels. La réalité sous-jacente et les domaines des blessures karmiques sont symbolisés par Pluton. Il s'agit d'une énergie intense et puissante, qui représente à la fois l'autonomisation et l'impuissance personnelles.

Inclusivité

Il est important de répéter que l'horoscope ou le thème astrologique ne tient pas compte du sexe, de la couleur, ni même du fait qu'il appartient à un être humain ; les événements, les animaux ou toute autre chose peuvent avoir un horoscope. L'astrologie est archétypale et mythique, mais pas essentiellement stéréotypée. Les stéréotypes qui ont pu naître ont davantage à voir avec le praticien et le conditionnement patriarcal de la société.

L'astrologie elle-même n'a pas besoin de changer pour être abordée de manière inclusive et égalitaire. L'astrologie elle-même est neutre. En revanche, l'approche de l'astrologue vis-à-vis de ses propres préjugés et de son conditionnement doit changer. Pour faire progresser l'astrologie, les astrologues doivent être conscients de leurs propres préjugés et commencer à les modifier pour rencontrer chaque client en tant qu'individu unique. De nombreux astrologues utilisent un formulaire d'accueil lorsqu'ils prennent des rendez-vous avec de nouveaux clients. Regardez également le langage qu'ils utilisent dans leur marketing et leurs articles.

Lorsque vous examinez votre propre carte du ciel, je vous suggère de développer l'utilisation des termes « jour » et « nuit » et « inspirer » et « expirer » au fur et à mesure que vous l'interprétez, tout en prenant conscience de vos propres attitudes normatives profondément ancrées en matière de genre. Par exemple, une personne dont les signes de feu et d'air sont très forts peut être typiquement décrite comme ayant un caractère (une carte) très « masculin ».

Dire que la carte met l'accent sur le jour et l'inspiration est beaucoup plus inclusif pour toutes les personnes et attitudes.

Dignités et débilités planétaires

Toutes les planètes ne sont pas seulement considérées comme régissant ou domiciliées dans un ou plusieurs signes, elles sont également considérées comme étant plus alignées avec certains signes et moins avec d'autres. C'est ce qu'on appelle les dignités et les débilités. La prise en compte des dignités et des débilités après la domination vous permettra d'approfondir votre compréhension des planètes et des signes dans un horoscope.

Les quatre dignités essentielles sont les suivantes.

- **La domination :** c'est l'endroit où la planète est le plus à l'aise (reportez-vous à votre signe individuel dans ce livre).
- **Le détriment :** lorsque la planète se trouve dans le signe opposé à son règne, on dit qu'elle est affaiblie.
- **L'exaltation :** c'est le signe qui permet la meilleure expression de la planète après son domicile.
- **La chute :** lorsque la planète se trouve dans le signe opposé à son exaltation, on dit qu'elle est à son point le plus faible.

Si une planète ne tombe dans aucun de ces signes, on dit qu'elle est pérégrine et les aspects deviennent plus cruciaux. Il faut noter que l'expérience montre que le détriment et la chute ne jouent pas toujours négativement, surtout lorsqu'ils sont bien aspectés. Voici une brève liste des dignités et débilités planétaires :

- **Le Soleil :** dominance en Lion, détriment en Verseau, exaltation en Bélier, chute en Balance.
- **La Lune :** dominance en Cancer, détriment en Capricorne, exaltation en Taureau, chute en Scorpion.
- **Mercure :** dominance en Gémeaux et en Vierge, détriment en Sagittaire et en Poissons, exaltation en Vierge, chute en Poissons.

- **Vénus :** dominance en Taureau et Balance, détriment en Scorpion et Bélier, exaltation en Poissons, chute en Vierge.
- **Mars :** règne en Bélier et Scorpion, détriment en Balance et Taureau, exaltation en Capricorne, chute en Cancer.
- **Jupiter :** maîtrise en Sagittaire et Poissons, détriment en Gémeaux et Vierge, exaltation en Cancer, chute en Capricorne.
- **Saturne :** dominance en Capricorne et Verseau, détriment en Cancer et Lion, exaltation en Balance, chute en Bélier.
- **Uranus :** dominance en Verseau, détriment en Lion, exaltation en Scorpion, chute en Taureau.
- **Neptune :** règne en Poissons, détriment en Vierge, exaltation en Lion (ou Cancer, selon les auteurs), chute en Verseau (ou Capricorne).
- **Pluton :** règne en Scorpion, détriment en Taureau, exaltation en Bélier (ou Poissons), chute en Balance (ou Vierge).

Maintenant que nous avons interprété les éléments constitutifs de l'horoscope jusqu'ici, il est maintenant temps de commencer à intégrer les parties disparates du thème dans une histoire cohérente de l'âme. Dans le prochain chapitre, nous examinerons les aspects, qui sont les lignes angulaires qui relient toutes les différentes parties ensemble.

Chapitre 6 : Les aspects

Les aspects sont les angles que font les planètes et les autres corps cosmiques entre eux dans l'horoscope. Les aspects diffèrent par les angles qu'ils forment entre les corps concernés. Les aspects relient les éléments disparates de l'horoscope pour créer une histoire cohérente. C'est un sujet très complexe qui ne peut être maîtrisé que par la pratique, et il faut d'abord en apprendre les bases.

Les aspects font référence à la distance, en termes de degrés, entre les points de l'horoscope. L'horoscope est constitué de 360 ° et chaque aspect est une division de ces 360 °. Par exemple, les aspects carrés divisent l'horoscope par quatre pour obtenir un angle de 90 °. Comme tout dans l'horoscope, les aspects sont à la fois yin et yang ou jour et nuit. Certains sont plus orientés vers l'action, d'autres sont plus réceptifs et relient les autres placements diurnes et nocturnes.

Tous les aspects créent un élément de motivation et une certaine tension qui incitent la personne à agir. Le degré de motivation d'un aspect dépend de l'aspect lui-même et des éléments impliqués. Il n'y a pas de bons ou de mauvais aspects, car les aspects les moins harmonieux ont tendance à donner plus d'impulsion, mais provoquent plus de stress, et les aspects harmonieux ont tendance à demander un effort conscient pour être activés, mais sont plus faciles. Nous y reviendrons dans les prochains chapitres.

De manière générale, les aspects qui divisent le thème par un nombre pair sont considérés comme des aspects nocturnes, car ils doivent intégrer des énergies disparates, et les aspects qui divisent le thème par des nombres impairs sont des aspects diurnes, qui ont une manière plus énergique de travailler ensemble.

Les angles les plus importants sont les aspects ptolémaïques, la conjonction (deux planètes ensemble), l'opposition (séparation de 180 °), le carré (séparation de 90 °), le trigone (séparation de 120 °) et le sextile (séparation de 30 °). Utilisez les autres aspects pour créer une lecture encore plus nuancée à mesure que vous développez votre pratique.

La conjonction (0 °)

On parle de conjonction lorsque deux planètes ou autres corps essentiels se trouvent ensemble ou à quelques degrés l'un de l'autre dans l'horoscope. Cet aspect peut avoir un ton nocturne ou diurne, qui dépend du mélange des corps planétaires, du signe et de la maison.

Une conjonction est un mélange puissant de deux planètes ou corps, qui intensifie le symbolisme des deux planètes et confond les énergies, créant des difficultés à voir les énergies des deux corps séparés. Les planètes individuelles semblent perdre leur individualité et prendre certaines des caractéristiques de l'autre ; la planète extérieure ayant généralement plus d'impact sur le corps a généralement plus d'impact sur la planète intérieure. Plus la conjonction est proche, plus la fusion du symbolisme est forte et plus il est difficile de distinguer et de ressentir les forces individuelles de chaque planète. Elle est généralement considéré comme un aspect harmonieux, mais il nécessite une compréhension plus complexe de la façon dont les symbolismes des planètes, du signe et des maisons fonctionnent ensemble.

Par exemple, Neptune en conjonction avec Vénus signifie que l'individu peut avoir des difficultés à voir clairement les personnes avec lesquelles il est en relation et qu'il aura une qualité éthérée pour les autres. Ces personnes auront aussi souvent un idéalisme irréaliste qu'elles ne peuvent pas voir en elles-mêmes.

L'opposition (180 °)

On parle d'opposition lorsque deux planètes ou autres corps essentiels s'opposent visuellement dans l'horoscope et sont distants d'environ 180 °. En d'autres termes, les 360 ° du zodiaque sont divisés par deux pour créer l'aspect 180 °.

La clé pour travailler avec une opposition dans le thème, traditionnellement considérée comme un aspect disharmonieux, est l'intégration des énergies opposées. Cet aspect est nocturne et correspond à une expiration du souffle. Pour comprendre comment ils peuvent fonctionner ensemble, il est nécessaire de mélanger le symbolisme des planètes, des signes et des maisons.

C'est un aspect qui a plus de perspective que la conjonction. Les planètes opposées peuvent se voir et, par conséquent, le sujet a plus de facilité à comprendre comment intégrer les deux. Les deux planètes communiquent et négocient l'une avec l'autre, ce qui peut ressembler à une négociation intérieure, comme c'est le cas pour deux sujets différents qui se rencontrent face à face.

Par exemple, la Lune s'opposant à Jupiter va, à un niveau simple, donner au sujet des hauts et des bas très importants sur le plan émotionnel, puisque Jupiter s'étend et que la Lune symbolise les émotions. Les placements en signe et en maison donneront une compréhension plus profonde.

Le triangle (120 °)

Le triangle est un aspect dans lequel les planètes sont distantes d'environ 120 °, ce qui signifie que les 360 ° du zodiaque sont divisés par trois. Ces aspects sont presque toujours dans le même élément, sauf s'ils sont dissociés. C'est l'aspect le plus fluide et le plus harmonieux. Les planètes travaillent ensemble sans effort, se complétant et s'enrichissant. C'est un aspect de jour ou d'inspiration du souffle.

Le triangle nous montre où se trouvent nos forces naturelles. Les deux planètes sont dans les signes du même élément et travaillent dans une relation symbiotique. Cependant, puisque les aspects se déroulent si facilement, il y a peu d'élan pour incarner consciemment ces forces. Cet aspect est instinctif, mais il peut donner le sentiment d'être vraiment en alignement lorsqu'il est activé.

Par exemple, Vénus en Balance en triangle et Neptune en Verseau, signifie qu'une personne est susceptible d'être très intuitive et créative, mais comme cela vient si naturellement, elle peut ne pas utiliser cette force dans sa vie quotidienne. Parce que les triangles sont généralement dans le même élément (dans ce cas, l'air), cela signifie souvent que le sujet n'est pas capable d'apporter l'impulsion d'un autre élément pour maximiser l'aspect. Lorsque la personne en prend conscience et commence à intégrer ces forces dans sa vie, elle peut réaliser le potentiel de son âme avec plus de facilité.

Le carré (90 °)

L'aspect le plus stimulant et le plus énergisant est le carré, ce qui signifie que les deux planètes ou autres corps essentiels sont séparés d'environ 90 ° et que les 360 ° du zodiaque sont divisés par quatre. Il s'agit d'un aspect nocturne ou expiratoire.

Dans un aspect carré, les planètes sont dans la plus grande tension l'une par rapport à l'autre. L'angle du carré suggère que les planètes ne peuvent pas se regarder dans les yeux et qu'elles sont pourtant affectées l'une par l'autre. On dit que c'est un aspect disharmonieux, mais c'est aussi celui qui donne le plus d'élan pour franchir les blocages et les leçons d'évolution que l'aspect exige. Les planètes se disputent presque la prééminence, et pourtant, si le sujet peut intégrer consciemment les énergies conflictuelles, cet aspect a un grand pouvoir.

Par exemple, Vénus en carré avec Saturne peut indiquer des blocages dans l'intimité des relations et/ou la frugalité avec l'argent. Avec une prise de conscience et de la maturité, la tension peut être relâchée et transmutée en stabilité dans une relation et/ou en capacité de construire un grand succès financier.

Le sextile (60 °)

Le sextile relie deux planètes qui sont séparées d'environ 60 °, et les 360 ° du zodiaque sont divisés par six. Le sextile est un aspect d'opportunité qui est également considéré comme harmonieux. Le sextile nécessite également un effort conscient pour assimiler et incarner son pouvoir potentiel, mais lorsqu'il est activé, il ouvre des voies de croissance qui peuvent apporter un grand potentiel. Il est parfois décrit comme un triangle plus faible, mais cette description est trop simpliste ; avec tous les aspects, les planètes, les signes et les maisons impliqués changent considérablement la puissance de l'aspect.

Il s'agit généralement d'un aspect de jour ou d'inspiration, mais il faut tenir compte des éléments impliqués. Le sextile est un aspect qui apporte une stimulation mutuelle aux deux placements, car il relie généralement des planètes dans deux éléments différents pour créer un stimulus et des résultats supplémentaires.

Par exemple, Mars en Gémeaux pourrait être sextile à Saturne en Lion et la combinaison de Mars (volonté) et de Saturne (détermination) dans l'air (Gémeaux symbolisant la communication) et le feu (Lion symbolisant le *leadership*) ferait un *leader* très fort qui communique avec autorité.

Orbes

Un orbe est le nombre de degrés d'écart par rapport à la valeur exacte qui est autorisé pour chaque aspect. Les orbes sont une question controversée au sein des traditions astrologiques, et chaque astrologue a sa propre opinion à leur sujet.

En général, le Soleil et la Lune ont un orbe plus large, tout comme les aspects ptolémaïques, la conjonction et l'opposition ayant les orbes les plus larges. Veuillez prendre ces orbes suggérés comme un guide. Avec la pratique, vous trouverez ce qui fonctionne pour vous et comprendrez si une combinaison doit recevoir un orbe plus large.

- **La conjonction :** orbe de 10 ° pour les luminaires et de 8 ° pour les autres planètes.
- **L'opposition :** orbe de 9 ° pour les luminaires et de 7 ° pour les autres planètes.
- **Le triangle et le carré :** 8 ° d'orbe pour les luminaires et 6 ° pour les autres planètes.
- **Le sextile :** 4 ° d'orbe pour les luminaires et 3 ° pour les autres planètes.
- **Le quinconce, le quintile, le semi-carré et le sesqui-carré :** 3 ° orbe pour les luminaires et 2 ° pour les autres planètes.
- **Le semi-sextile :** 2 ° orbe pour les luminaires et 1 ° pour les autres planètes.

Le quinconce ou l'inconjonction (150 °)

Il s'agit d'un aspect difficile qui implique des planètes dans différents éléments et différentes modalités, il est donc compliqué de trouver un terrain d'entente entre elles. Il s'agit d'un aspect de rupture qui invite à s'ajuster pour comprendre que les deux planètes observées ne peuvent pas vraiment être intégrées comme le ferait une opposition ou un carré. Les deux sont conflictuelles parce que les différences sont très complexes, et il est nécessaire d'encourager une prise de conscience profonde et l'acceptation d'une pulsion interne à compartimenter les deux domaines de la vie afin que le sujet comprenne pourquoi ce besoin existe.

La nature discordante de cet aspect est reflétée par le fait que 150 ° n'est pas une division en nombre entier des 360 ° du zodiaque.

Par exemple, une personne avec Vénus en Lion en quinconce ou en inconjonction avec Saturne en Capricorne a une nature amoureuse très enjouée et joyeuse et souvent un désir d'être entourée d'enfants, en aspect avec un besoin de travailler dur et de construire une grande sécurité. Cette personne se sentira déchirée entre le besoin de jouer et le besoin de travailler et trouvera difficile de résoudre les deux, ayant toujours l'impression qu'elle « devrait » faire l'autre, ce qui entraîne un sentiment de culpabilité.

Harmoniques

Les harmoniques sont une façon différente de considérer les aspects et ont été développées par John Addey dans son livre de 1976, *Harmonics in Astrology*. Les horoscopes harmoniques sont basés sur les résonances et les harmoniques présentes dans le thème.

Pour faire court, l'ensemble des 360 ° du zodiaque constitue la tonalité de base et représente le chiffre un, et les horoscopes harmoniques cherchent à unir les planètes qui fonctionnent ensemble dans un thème. Il s'agit d'un calcul complexe que, heureusement, la plupart des bons logiciels d'astrologie feront pour vous. Il n'y a pas de signes et de maisons dans un tableau harmonique, seulement des aspects, et chaque tableau harmonique réarrange les aspects qui sont reliés par le nombre de ce tableau harmonique, rendant les connexions d'aspects plus faciles à voir.

Par exemple, et de manière très simple, la quatrième harmonique montre comment nous gérons le stress et la lutte, et réunit les aspects qui divisent le zodiaque par quatre ; la cinquième harmonique indique le talent et réunit les quintiles et les biquintiles ; et la septième harmonique représente l'inspiration et l'illusion. Comme il peut y avoir autant d'harmoniques que de nombres, je vous suggère de les étudier après avoir acquis une certaine maîtrise des bases de l'interprétation des cartes.

Le quintile (72 °)

Le quintile divise les 360 ° du zodiaque par cinq pour créer un aspect de 72 ° entre deux planètes dans le thème et, en tant que tel, c'est un aspect de jour ou une inspiration. Dans un horoscope, un quintile dénote généralement un talent créatif, notamment en ce qui concerne les modèles et les structures. Les personnes ayant un quintile ou des quintiles dans leur thème sont généralement plus épanouies dans la vie lorsqu'elles créent ou trouvent des modèles de comportement qui tirent le meilleur parti des deux planètes observées, car c'est sur ces planètes que le sujet est puissamment motivé.
Un quintile entre Mercure et Jupiter, par exemple, signifie que la personne est poussée à apprendre autant que possible, puisque Mercure représente l'esprit et l'information, et Jupiter l'expansion. Cette personne peut être constamment en train de lire et/ou de suivre des cours.

Le Soleil ne peut jamais être en quintile à Mercure ou à Vénus, car les trois voyagent trop près l'un de l'autre et ne sont jamais séparés de 72 °.

Le semi-carré (45 °)

Le demi-carré divise les 360 ° du zodiaque par huit. Il s'agit d'un demi-carré, similaire à un carré en ce sens qu'il représente un bloc. La prise de conscience du blocage est souvent activée par des événements extérieurs qui invitent le sujet à travailler à l'intégration des deux énergies. Il s'agit souvent d'une zone d'inflexibilité et l'aspect vous invite en fait à devenir plus flexible et à apprendre à dépasser vos blocages. C'est un aspect de nuit ou d'expiration.

Un semi-carré entre Mars et Saturne, par exemple, entraîne souvent une tendance à abandonner lorsque les choses semblent trop difficiles, alors qu'on vous demande en fait de faire face à vos responsabilités et à vos engagements avec patience et persévérance afin de surmonter le blocage. Lorsque cette leçon est apprise, la personne ayant cet aspect peut déplacer des montagnes.

Le sesqui-carré (135 °)

C'est un autre aspect mineur, dont l'énergie discordante est reflétée par le fait qu'il ne divise pas les 360 ° du zodiaque en un nombre entier. Cet aspect est cependant un demi-carré fois trois (3 x 45 °), ou une combinaison d'un carré et d'un demi-carré, et cela donne une indication de ce qu'il symbolise. Je le décrirais comme une rétention de la respiration, ni inspiration ni expiration.

C'est un autre aspect qui provoque des tensions et des défis et dont on dit qu'il faut le contrôler, car les deux planètes aspectées conduisent souvent à de mauvais choix dans la vie qui amplifient le symbolisme le plus bas de celles-ci.

Le semi-sextile (30 °)

Le semi-sextile est un aspect qui divise les 360 ° du zodiaque par douze, ce qui signifie que les planètes concernées sont dans des signes adjacents. L'orbe suggéré de 20° pour les luminaires et de 1 ° pour les autres planètes signifie qu'il s'agit très rarement d'un aspect dissocié ou hors signe, bien que cela se produise. Cet aspect fait l'objet d'interprétations diverses ; une école postule que, puisque les signes sont adjacents et, par conséquent, de modalités et d'éléments différents, il peut être difficile pour les planètes de travailler ensemble. Cependant, d'autres croient que le zodiaque est ordonné comme il l'est de manière délibérée et que l'énergie des signes est liée à la croissance et à l'évolution personnelles, chaque signe s'appuyant sur le précédent. Pour cette raison, cet aspect est utile pour la croissance évolutive de l'âme et est un aspect de jour ou d'inspiration. Les deux interprétations peuvent être vraies, en fonction du niveau de conscience du sujet. Une personne qui est déjà sur le chemin de la croissance personnelle est plus susceptible d'être capable d'intégrer les deux planètes pour créer des opportunités à partir des difficultés que les deux énergies apportent.

La planète la plus aspectée

Il est important de regarder la planète qui est la plus observée par d'autres planètes et corps essentiels, car elle devient l'un des points centraux du thème, étant donné qu'elle est connectée à tant d'autres éléments de celui-ci. Cela signifie que toute interprétation du thème doit inclure un examen attentif de cette planète. Une grande partie de la vie du client sera associée à cette planète focale.

La planète la plus aspectée est mise au défi parce que son énergie doit intégrer tant d'autres aspects, mais cela fait aussi de cette planète un puissant point focal pour la même raison. La nature de ce défi est symbolisée par une synthèse de tous les aspects, et cela peut devenir très complexe.

Par exemple, si Mercure, la planète de l'apprentissage, est la planète la plus aspectée, une grande sagesse peut être acquise en intégrant toute la sagesse des planètes aspectées, mais cela peut aussi conduire à une hyperanalyse, car il y a tellement d'informations à intégrer. Une grande partie de la vie de cette personne sera liée à la collecte d'informations, à l'apprentissage et à la communication.

Aspects dissociés

Les aspects dissociés sont également connus sous le nom d'aspects « hors signe » et peuvent être moins faciles à repérer. La plupart des aspects sont en provenance et à destination des signes d'une certaine modalité ou d'un certain élément. Par exemple, un carré d'une planète dans le signe mutable du Sagittaire impliquera généralement une autre planète dans la Vierge ou les Poissons, également des signes mutables.

Cependant, à cause des orbes, un aspect peut se produire dans ce qui semble être le « mauvais » signe, et cela se produit lorsque les planètes observées sont dans les tout derniers degrés et les tout premiers degrés des signes.

Par exemple, si la Lune est à 28 ° Sagittaire et que Mars est à 1 ° Bélier, ils seront toujours en aspect carré, car ils sont séparés par 93 °. Un carré exact serait 28 ° Sagittaire à 28 ° Poissons, et les 3 ° supplémentaires amèneraient l'aspect en Bélier, mais l'aspect serait toujours « en orbe ».

Planètes non inspectées

Les planètes non inspectées sont très importantes. Elles doivent toujours être notées et sont généralement considérées comme celles qui ne font aucun aspect ptolémaïque (conjonction, sextile, carré, trigone ou opposition) avec une autre planète. Les planètes sans aspect représentent des parties du soi qui sont isolées et qui peuvent être difficiles à intégrer dans la vie. Elles peuvent cependant représenter une zone de grande force ou de vulnérabilité et de faiblesse, selon la façon dont le sujet réagit à la planète non inspectée et à ses autres forces, comme la dignité ou la débilité. Puisque les planètes non inspectées peuvent représenter à la fois des dons et des défis, tous difficiles à incarner pour la personne, une compréhension de la planète par signe et par maison peut l'aider à faire face aux défis et à incarner les dons que cette planète offre.

Une planète non inspectée peut signifier que la personne se sent en décalage et incomprise par le reste du monde, surtout si la planète non inspectée est une planète personnelle comme le Soleil, la Lune, Mercure, Vénus ou Mars.

Nous avons maintenant examiné la plupart des points constitutifs d'un thème astrologique, y compris les éléments, les modalités, les planètes, les décans et les aspects, et dans le prochain chapitre, nous examinerons les maisons qui indiquent les domaines de vie dans le thème.

Chapitre 7 : Les maisons

L'horoscope, ou thème astrologique, est composé de nombreux éléments qui doivent être intégrés pour créer un plan cohérent de votre âme et de son potentiel d'évolution dans cette vie. Nous avons examiné les planètes et les autres corps essentiels, qui sont le « quoi » de votre plan. Nous avons également examiné les signes à travers la lentille du soi central, le Soleil, qui symbolise « comment » les planètes se comportent dans votre schéma. Nous en arrivons maintenant aux maisons, au nombre de douze, dans le sens inverse des aiguilles d'une montre dans l'horoscope.

L'horoscope est une combinaison de la roue du zodiaque, qui représente la rotation annuelle du Soleil le long de l'écliptique de notre point de vue, et de la roue des maisons, qui est basée sur la rotation axiale de 24 heures de la Terre. Les détails exacts de la naissance, date, heure et lieu, sont nécessaires pour créer un horoscope, qui relie les deux roues.

Les douze maisons symbolisent des domaines de vie ou des champs d'expérience. C'est là que le « quoi » (planètes et autres corps essentiels) et le « comment » (les signes) agissent sur vous et votre vie. Les maisons suivent un chemin de développement personnel, de la naissance (la première maison) à la mort (la douzième maison). Les maisons sont aussi comme une pulsation ou un souffle du cosmos, comme tout le reste de l'horoscope. Par exemple, la première maison, gouvernée par le Bélier et Mars, est une maison de jour ou d'inspiration ; la deuxième est une maison de nuit ou d'expiration, et ainsi de suite.

L'ajout des maisons dans l'interprétation de l'horoscope est l'une des façons de commencer à comprendre le caractère unique de chaque plan cosmique. Une personne ayant le Soleil en Sagittaire dans la deuxième maison aura une expérience de vie différente de celle d'une personne ayant le Soleil en Sagittaire dans la dixième maison, par exemple. La première mettra davantage l'accent sur les valeurs personnelles et l'estime de soi, tandis que la seconde se concentrera davantage sur sa carrière et sa vie publique.

La première maison : la maison du soi

La première maison représente la naissance et le début de la vie. C'est la première inspiration de la vie et une maison angulaire, orientée vers l'action. La première maison représente le signe à l'horizon oriental au moment et au lieu de la naissance dans l'horoscope, vu de la perspective de ce moment et de ce lieu. La cuspide de la première maison est également connue sous le nom de signe ascendant et représente l'aube d'une nouvelle vie lorsque le sujet prend son premier souffle à la naissance. La première maison est gouvernée par Mars et le Bélier dans l'horoscope naturel.

C'est la maison du soi, de la force vitale. L'ascendant et la première maison sont votre réceptionniste personnel et représentent le soi ou la présence du « je suis », et c'est là que vous vous voyez d'abord avant de commencer à mûrir et à évoluer.

Les planètes contenues dans cette maison sont colorées par le signe de la première maison et sont directement projetées sur ceux que vous rencontrez : c'est ainsi que les autres vous voient au début. Vos expériences de la petite enfance et vos capacités naturelles sont également représentées dans la première maison, tout comme votre expérience de la naissance et vos réactions spontanées aux stimuli extérieurs.

La deuxième maison : la maison des ressources

La deuxième maison est celle où nous expirons et prenons conscience du monde physique, du corps, de la nature, des possessions et de l'argent. C'est là que nous établissons notre connexion avec le monde matériel. La deuxième maison est le domaine de la matière que nous pouvons toucher, voir, entendre, sentir et goûter. C'est une énergie nocturne, car nous sommes plus réceptifs aux sens la nuit. Cette maison est gouvernée par Vénus et le Taureau. C'est le domaine de toutes les ressources, y compris les ressources intérieures, l'estime de soi, la valeur personnelle, les valeurs fondamentales et la relation au corps et au monde naturel.

C'est aussi le domaine de ce que vous appréciez, votre relation à l'argent et aux possessions dans le domaine physique.

La deuxième maison est celle de l'autosuffisance et de la sensualité, qui est modifiée par les planètes. Jupiter dans la deuxième maison, par exemple, représente souvent une personne ayant une grande estime d'elle-même et une grande capacité à gagner de l'argent ; elle est également susceptible d'aimer explorer la nature.

La troisième maison : la maison de la communication

La troisième maison est celle où nous nous déplaçons dans notre esprit conscient et où nous commençons à apprendre sur le monde qui nous entoure. C'est une maison de jour, d'inspiration et de cadence, car dans cette maison, nous affinons nos capacités de perception et d'observation et nous recueillons des informations. Nous trouvons notre voix dans cette maison, apprenons à écrire et développons nos styles de communication. Cette maison représente également notre éducation précoce, notre style d'apprentissage et le type d'élève que nous sommes ou étions, ainsi que nos frères et sœurs et nos voisins. La troisième maison est celle où nous développons notre conscience des autres points de vue et du monde qui nous entoure.

C'est aussi le royaume des transports et des courts trajets, des courriels, des commérages, des appels téléphoniques et des textos, et elle est gouvernée par Mercure et les Gémeaux. Saturne dans la troisième maison, par exemple, pourrait indiquer un étudiant assidu, mais une personne peu loquace.

La quatrième maison : la maison du foyer

Dans la quatrième maison, nous expirons à nouveau et entrons dans le royaume de la nuit et dans une maison angulaire, car nous allons à l'intérieur de nous-mêmes, à la fois dans notre maison, c'est-à-dire là où nous vivons, et dans notre maison intérieure, la partie la plus privée de notre vie intérieure. Ce domaine de la vie représente les fondements de notre sécurité, tant sur le plan émotionnel que matériel. Votre éducation se reflète dans cette maison, avec l'un ou les deux de vos parents et les influences et modèles ancestraux.

En termes de développement, c'est là que nous prenons conscience de notre paysage émotionnel intérieur et de la façon dont nous réagissons émotionnellement au monde qui nous entoure. Cette maison est associée à la Lune et au signe du Cancer. Un domaine de la vie qui n'est pas souvent mentionné est le soin de soi et l'amour de soi. La façon dont vous avez été élevé et la façon dont vous apprenez à vous élever et à satisfaire vos besoins émotionnels se reflètent ici, y compris le type de foyer que vous créez ou préférez.

Une personne avec Pluton dans la quatrième maison, par exemple, peut avoir eu une enfance difficile avec des luttes de pouvoir au sein du foyer et peut être amenée à transformer cela dans sa propre vie, en brisant les schémas ancestraux.

Systèmes de maisons

Il existe au moins 50 systèmes de maisons différents, qui sont un moyen de diviser l'horoscope. Les systèmes les plus couramment utilisés sont ceux de Porphyre, Placidus, Koch et les signes entiers. Placidus est le système de maisons par défaut de la plupart des logiciels de création de cartes et est devenu le plus populaire parce qu'il y avait plus de tables de maisons disponibles lorsque les horoscopes étaient dessinés à la main.
Les astrologues qui se rapprochent de la renaissance hellénistique ont tendance à utiliser les signes entiers, et de nombreux astrologues évolutionnistes utilisent Porphyre, certains sont passés à Koch, qui est un système plus récent.

Il y a de nombreuses façons de diviser l'espace et il y a un accord général dans de nombreux systèmes de maisons selon lequel l'horizon, appelé ascendant, commence la première maison ; le milieu du ciel (zénith) commence la dixième maison, et les maisons sont une division entre les angles.

Mon système préféré est celui de Porphyre, qui divise l'espace entre les angles par trois, la trinité. Je ne recommande cependant pas de système, et je vous encourage à faire vos propres recherches pour apprendre avec le temps ce que vous préférez.

La cinquième maison : la maison de l'expression de soi

La cinquième maison est une maison de feu, elle est associée au Soleil et au Lion, et elle est une inspiration du souffle, une énergie du jour, et une maison succédanée. C'est là que nous développons notre expression créative de nous-même et notre joie de vivre.

Je pense toujours à la cinquième maison dans le développement de l'âme comme l'adolescent, le jeune, et l'endroit où nous commençons à faire briller notre lumière dans le monde, où nous développons notre conscience de nous.
C'est le royaume des enfants, de l'amusement et de la joie de vivre. C'est là que nous nous adonnons à des passe-temps et à des sports, que nous apprenons à jouer, et c'est la première des maisons des relations, car c'est là que nous trouvons des histoires d'amour. Votre capacité de performance et votre stade de vie sont reflétés dans la cinquième maison. Un accent dans cette maison indique normalement une personne attirée par les arts créatifs et quelqu'un qui aborde le monde de manière joyeuse.

La sixième maison : la maison du service et de la santé

La sixième maison est associée à la Vierge, un signe de terre, et est gouvernée par Mercure. Il s'agit d'une énergie nocturne et d'une maison expirante et cadente.

La sixième maison est celle où nous trouvons le besoin d'être utile dans le monde, de rendre service dans nos routines quotidiennes et notre travail. Votre expérience professionnelle quotidienne, la nature de votre travail et le style de votre vie quotidienne sont représentés par cette maison. La santé est également associée à la sixième maison, tout comme vos animaux domestiques.

En termes de développement, la sixième maison est l'endroit où nous commençons à comprendre comment nous pouvons apporter une contribution au monde et aux autres. C'est là que nous commençons à passer du paysage intérieur du développement personnel au monde extérieur de l'âge adulte. L'énergie nocturne ou expiratoire de la sixième maison est une réponse au monde qui nous entoure et un désir de créer un certain ordre dans le monde. En tant que telle, la purification et l'hygiène sont liées, et votre réponse à tous les stimuli extérieurs se reflète ici.

La septième maison : la maison des relations et du mariage

Dans la septième maison, notre âme prend une grande inspiration et entre vraiment dans le domaine du monde extérieur ou du monde des adultes. Cette maison est gouvernée par la Balance et Vénus, dans son incarnation plus extérieure et diurne, et c'est une maison de jour et une maison angulaire. Cette maison est en corrélation avec le descendant, le point opposé à l'ascendant, qui reflète ce qui vous attire et ce que vous attirez chez les autres.

La septième maison est associée à toutes les relations interpersonnelles importantes, y compris le ou les partenaires principaux dans la vie. Cette maison comprend également les enfants adultes, les relations professionnelles ou d'affaires importantes, et les amitiés importantes. La nature et les schémas de vos relations se reflètent dans cette maison. Un autre domaine associé à cette maison est ce que Jung appelle le « moi renié », c'est-à-dire une partie de soi que nous n'aimons pas et que nous voyons chez les autres. Cela peut souvent être vu comme quelque chose chez les autres qui déclenche une forte réaction émotionnelle d'aversion.

En tant que deuxième maison des relations, la septième maison représente l'endroit où l'on s'associe en vivant avec une personne ou en l'épousant. La huitième maison s'appuie sur ce principe dans les relations à long terme.

La huitième maison : la maison de l'intimité et de la mort

La huitième maison est une autre maison d'expiration et de nuit, où nous sommes plongés dans toutes les choses associées à l'obscurité, et est associée à Pluton et au Scorpion. Cette maison est une maison de successeur et c'est le royaume des relations profondément liées, des partenariats à long terme qui sont connectés émotionnellement, psychologiquement et sexuellement. C'est l'énergie de la fusion de la vie, des ressources et des corps spirituels. C'est la troisième maison des relations et c'est là que la véritable intimité des relations existe dans les relations à long terme. C'est aussi le domaine de la mort physique et psychologique et de la transformation et de la régénération psychologique. Les héritages et d'autres sujets, souvent tabous, sont associés à cette zone de l'horoscope, comme les domaines de la magie et de l'occulte. C'est le domaine de la thérapie profonde ou de l'exploration de l'âme et de votre relation avec tout le pouvoir partagé et le matériel karmique. Le pouvoir et l'impuissance sont le domaine de la huitième maison, et les dynamiques de pouvoir manipulatrices et/ou abusives peuvent apparaître dans cette maison. Cela inclut les domaines psychologiques de l'ombre, les parties de vous que vous préférez ne pas regarder de trop près.

C'est aussi le royaume de votre or intérieur, ou de votre trésor enfoui, donc l'exploration sans crainte de votre huitième maison peut apporter de grandes récompenses.

La neuvième maison : la maison du moi supérieur

La neuvième maison est une autre énergie d'inspiration et de jour, qui nous emmène dans les domaines de l'expansion et de l'exploration du monde et de l'apprentissage supérieur. C'est une maison cadente et elle est gouvernée par Jupiter et le Sagittaire. La neuvième maison est la zone associée à toutes les formes d'études supérieures (formelles et informelles), à la philosophie et aux croyances personnelles. La façon dont vous vivez le divin, quel qu'il soit, se reflète ici et, par conséquent, la religion est également associée à cette maison. Cette maison peut être le lieu du dogme, mais en général, elle concerne l'expansion de l'esprit et de la conscience.

Sur le plan du développement, la neuvième maison nous entraîne dans une quête de vision pour trouver le sens de la vie. Dans la neuvième maison, nous recherchons la vérité, la liberté, la sagesse et la connaissance des lois naturelles, ainsi que la façon dont le monde et la nature fonctionnent. L'énergie de l'exploration signifie également que les voyages sont représentés dans cette maison, y compris les longs voyages de l'esprit.

La maison 10 : le moi public

La maison 10 est la partie la plus publique de votre thème et pourtant, c'est une énergie d'expiration, de terre et de nuit, dans laquelle nous réfléchissons à la façon dont nous sommes vus dans le monde. C'est une maison angulaire et elle est gouvernée par Saturne et le Capricorne. La dixième maison représente la nature de notre contribution ou de notre mission dans la vie, souvent considérée comme notre carrière, et nous espérons que ces deux éléments seront alignés. Comme c'est l'endroit où vous êtes le plus visible dans le monde, cette maison est également associée à votre réputation publique ou à votre statut. C'est le royaume du sage et de l'ancien, où nous créons des lois faites par l'homme, par opposition aux lois naturelles explorées dans la neuvième maison. C'est un lieu de gravité, où nous construisons la sécurité financière et physique. Le devoir et la responsabilité envers les autres sont également représentés ici, tout comme l'intégrité. Comme la quatrième maison, celle-ci est également associée à l'un des parents — généralement le parent qui est plus présent dans le monde que l'autre, ou qui représente l'autorité et votre relation à l'autorité et à la société établie, comme les institutions qui régissent notre monde.

La onzième maison : la maison de la communauté

La onzième maison est une inspiration, une maison de jour, de successeur qui nous emmène dans la communauté sous toutes ses formes et est associée à Uranus et au Verseau. C'est le royaume des groupes d'amis, des organisations et des associations. La onzième maison est également associée aux causes sociales, à la conscience sociale et à la politique. Un fort accent ici signifie que la personne est susceptible d'être un humanitaire et de s'intéresser à l'écologie.

Une autre association pour cette maison est Internet, en raison de l'aspect communautaire de la maison, en particulier les médias sociaux. Des capacités latentes ou non découvertes peuvent également être trouvées ici, et la maison est associée à l'avenir, aux grands objectifs, aux nouvelles idées et aux découvertes.

Sur le plan du développement, nous passons de la création d'une ambition, de règles et de fondations solides dans le monde dans la maison 10 à la création de liens sociaux. Dans cette maison, nous apprenons à nous détacher des règles imposées par l'autorité de la maison 10, à suivre notre propre voie et à explorer notre propre domaine de génie pour créer notre avenir.

La douzième maison : la maison de l'inconscient

Dans la douzième maison, une maison cadentielle, nous expirons pour la dernière fois de ce voyage en entrant dans l'énergie nocturne de l'inconscient. C'est le royaume de toutes les choses mystérieuses et mystiques et elle est associée à Neptune et aux Poissons.

Cette maison représente le temps avant la naissance et le temps avant la mort, le liquide amniotique avant la première inspiration dans la première maison, l'expérience prénatale, et le temps de l'évanouissement avant la toute dernière expiration. Toutes les formes d'états altérés sont représentées ici, y compris les états chimiquement induits et les états méditatifs. Créative et intuitive, cette maison nous relie à la connaissance et à la compréhension transpersonnelles. Cette maison est un espace liminaire, l'espace entre les mondes, et est associée à tous les espaces et activités transitionnels tels que la transe, l'hypnotisme et les mystères. La réclusion et les lieux isolés sont également associés à cette maison, comme les prisons, les monastères, les centres de retraite et les hôpitaux. C'est un lieu de rêve, de forte empathie et de mystère inconnu.

Quadrants

L'horoscope est divisé en quatre quadrants ainsi qu'en différents hémisphères, et chaque quadrant comporte trois maisons, qui sont décrites comme angulaires, successives et cadentes. Les maisons angulaires sont celles qui ont un angle (ascendant, *medium coeli*, descendant ou *imum coeli*) sur la cuspide. Les maisons angulaires sont régies par les quatre signes cardinaux — Bélier, Cancer, Balance et Capricorne — et représentent l'action et le début des différentes étapes de la vie. La première est le début du développement personnel, la quatrième est le développement de la conscience, la septième est le développement des relations, et la dixième est le développement de votre conscience publique et de groupe.

Les maisons suivantes sont gouvernées par les quatre signes fixes : Taureau, Lion, Scorpion et Verseau. Dans ces maisons, nous consolidons ce qui a été commencé dans les maisons angulaires.

Les maisons cadentes sont gouvernées par les quatre signes mutables : Gémeaux, Vierge, Sagittaire et Poissons. Dans ces maisons, nous commençons à penser au changement à venir lorsque nous passons d'une phase de développement à une autre.

Maintenant que vous avez les éléments constitutifs d'un thème astrologique, il est temps de revoir et de commencer à intégrer une histoire cohérente du moi. Dans le chapitre suivant, nous verrons comment chaque élément intervient dans la structuration du thème de naissance.

Partie 2 : comprendre son thème de naissance

Dans cette deuxième partie, nous reprendrons les éléments que nous avons abordés dans la première partie pour considérer le thème de naissance dans son ensemble. Cela inclut la structuration et l'interprétation de celui-ci et la compréhension des autres corps célestes.

Chapitre 8 : Structurer son thème de naissance

Dans ce chapitre, je vais passer brièvement en revue les éléments astrologiques (signes, maisons et planètes) abordés dans la première partie et expliquer plus en détail comment chaque élément intervient dans la structuration du thème de naissance. N'oubliez pas que nous utilisons les concepts de jour et de nuit, d'inspiration et d'expiration pour indiquer la nature vivante et palpitante du cosmos qui travaille en nous.

Les signes

Dans un horoscope astrologique, le bord extérieur de la carte représente le zodiaque, la ceinture représentant les douze signes astrologiques et, comme tout cercle géométrique, contient 360 °. La roue médicinale, ou « le cercle des animaux », est divisée en douze parties égales de 30 ° qui sont grossièrement basées sur les constellations, mais qui ne sont pas équivalentes.

La plupart des planètes et autres corps essentiels se déplacent à travers les signes du zodiaque le long du plan de l'écliptique, appelé orbite, dans une bande étroite. Cependant, Pluton et certaines des planètes naines récemment découvertes ne suivent pas le même plan orbital, ce qui leur donne une orbite excentrique par rapport aux planètes plus traditionnelles.

Les signes du zodiaque suivent toujours le même ordre, du Bélier aux Poissons, dans le sens inverse des aiguilles d'une montre autour du bord extérieur de l'horoscope. Les signes représentent douze impulsions et besoins psychologiques, et chacun d'entre nous a les douze signes contenus dans son schéma psychologique.

Maisons

Les cartes du ciel sont divisées en douze secteurs, ou parts de tarte, qui se déplacent également dans le sens inverse des aiguilles d'une montre. Les maisons sont fixes, occupant la même position dans chaque thème, et les signes tournent autour d'elles, tout comme les signes et les planètes tournent autour de l'écliptique de notre point de vue.

En fonction de l'heure et du lieu de naissance de l'individu, chaque maison aura un signe différent sur sa cuspide, ou début. Certaines maisons peuvent avoir le même signe sur la cuspide de deux maisons. Veuillez consulter la section sur les systèmes de maisons au chapitre 7.

Planètes

Dans chacun des signes et des maisons se trouvent les symboles des planètes et d'autres corps essentiels. Chaque planète représente une partie de la psyché qui est contenue dans l'ensemble. Le signe dans lequel elle se trouve représente la façon dont cette planète est activée et la maison représente le domaine de la vie dans lequel la planète est active. Les douze secteurs des maisons sont :

1. Maison du soi, inspiration, jour, personnalité, ce que vous projetez, force vitale, expériences et aptitudes précoces ;

2. Maison des ressources, expiration, nuit, confiance en soi, valeurs, relation avec le corps, monde physique, comment vous gagnez de l'argent ;

3. Maison de la communication, inspiration, jour, perception et observation, voix, style d'écriture et de communication, éducation précoce, frères et sœurs, voisins, transports et courts trajets ;

4. Maison du foyer, expiration, nuit, vie intérieure, privée, sécurité affective et matérielle et fondation, satisfaction des besoins affectifs, soins personnels, type de foyer ;

5. Maison de l'expression de soi, inspiration, jour, expression créative, joie, plaisir, jeu, passe-temps, affaires d'amour, romance, enfants ;

6. Maison du service et de la santé, expiration, nuit, utilité, service, routine quotidienne et travail, nature du travail quotidien, questions de santé, nettoyage, régime alimentaire quotidien, animaux domestiques ;

7. Maison des relations et du mariage, inspiration, jour, ce qui vous attire et ce que vous attirez, relations importantes, reniement de soi ;

8. Maison de l'intimité, expiration, nuit, relations profondément liées, problèmes psychologiques profonds, transformation et mort, héritages et ressources financières partagées ;

9. Maison du soi supérieur, inspiration, jour, expansion et exploration, études supérieures et philosophie, croyances personnelles, expérience du divin, longs voyages et autres cultures ;

10. Maison du soi public, expiration, nuit, contribution ou mission dans la vie, carrière, visibilité publique et réputation, un des parents ;

11. Maison de la communauté, inspiration, jour, groupes et organisations, amis, causes sociales, conscience, humanitarisme, politique, y compris la politique de genre ;

12. Maison de l'inconscient, mystère, mystique, méditation, états altérés, chimiques ou méditatifs, connaissance transpersonnelle, réclusion, retraites, monastères, prison, rêve, empathie.

Exemples de diagrammes

Regardons un exemple de cartes du ciel : Jean Dujardin.

Jean Dujardin est né le 19 juin 1972, à 4 heures 50 du matin, à Rueil-Malmaison en France. Le célèbre acteur a le Soleil en Gémeaux, la Lune en Balance et un ascendant Gémeaux. Je vous suggère de prendre une vue d'ensemble du thème avant de vous plonger dans les détails. Ce thème est prédominant dans les éléments d'eau et d'air, avec le Soleil, Mercure et Vénus. Son ascendant est en Gémeaux, un signe d'air. Cela suggère que Jean Dujardin est principalement une âme spirituelle, imaginative et créative. Sa modalité primaire est fixe, ce qui suggère qu'il aime la stabilité, et sa modalité secondaire est mutable, ce qui signifie qu'elle est capable de s'adapter aux changements lorsque cela est nécessaire.

La carte de Jean Dujardin

Je ne vous ferai pas la lecture de sa carte, car cela prendrait la moitié de ce livre, je pense. Toutefois, à la fin, je vous ajouterai une ressource afin que vous puissiez facilement lire la carte des personnes qui vous entourent.

Une nouvelle vision des planètes

Les planètes sont généralement nommées d'après des dieux et des déesses des temps anciens et des mythologies, mais n'oubliez pas que les dieux représentent des parties anthropomorphisées de l'expérience humaine et sont archétypaux par nature. Des mythes et des thèmes similaires apparaissent dans diverses cultures, avec des noms différents donnés à ces représentations archétypales.

C'est l'humanité qui a dépeint les dieux comme masculins ou féminins, en raison des limites de notre compréhension, et cela s'est répercuté dans le langage de l'astrologie. Je ne suggère pas que nous renommions les planètes, mais que nous reconnaissions le manque humain de nuances imposé à l'interprétation astrologique des planètes. Par exemple, Mars a été décrit comme masculin depuis des centaines d'années. Pourtant, traditionnellement, la planète régnait sur le Bélier et le Scorpion, considérés respectivement comme des signes masculins et féminins. Les planètes sont aussi nuancées que les êtres humains. Tous les êtres vivants, y compris les corps planétaires, ont en eux le jour et la nuit ; l'univers entier est en fait de nature non binaire.

Chapitre 9 : Interpréter son thème de naissance

Dans ce chapitre, nous nous appuierons sur tout ce que vous avez appris jusqu'à présent et nous introduirons d'autres éléments qui pourront ajouter de la profondeur à l'interprétation de votre horoscope. Les placements du Soleil, de la Lune et de l'ascendant à eux seuls permettent d'obtenir des informations réelles, mais les connaissances acquises en ajoutant d'autres planètes et éléments dans le thème sont inestimables à mesure que vous approfondissez vos connaissances.

Dans les chapitres suivants, je présenterai quelques éléments supplémentaires et je vous guiderai pour que vous puissiez comprendre comment lire votre propre thème. Cependant, je tiens à souligner que rien ne vaut la pratique au fil du temps pour acquérir des connaissances plus approfondies.

L'établissement d'un thème astral a été simplifié par l'avènement des programmes informatiques astrologiques.

Auparavant, vous pouviez calculer un thème à l'aide d'une table des maisons et d'une éphéméride, mais aujourd'hui, il existe une multitude d'options pour établir un thème à l'aide d'un ordinateur. Parmi les meilleures options professionnelles, citons Solar Fire, Matrix et Astro Gold ; mais vous pouvez calculer une carte du ciel gratuitement en utilisant la ressource que je vous donnerai à la fin de ce livre, l'une des options gratuites les plus complètes et les plus performantes.

Votre soleil, votre Lune et votre ascendant

Le Soleil, la Lune et l'ascendant, ou signe ascendant, sont les trois principaux indicateurs de la personnalité. Ils doivent toujours être considérés en premier lorsque vous commencez à explorer un thème. Le Soleil est votre noyau, la Lune est votre âme et l'ascendant est votre personnalité. Pour calculer avec précision la position de ces trois éléments (et des autres éléments du thème), il est nécessaire de connaître la date, l'heure et le lieu de naissance. Cela s'applique particulièrement au

Soleil si vous êtes né autour du 21 du mois, car le Soleil passe dans le signe suivant à des jours et des heures différents chaque année. Les aspects et les cuspides des maisons sont également plus précis lorsque l'heure de naissance est correcte.

Le Soleil

Comme nous l'avons mentionné précédemment, le Soleil est l'essence même de qui vous êtes. Il est votre ego, votre moi vital, le principe d'organisation central du système solaire et de vous-même. Dirigé par le cœur, on pourrait dire que le Soleil est le chef d'orchestre de votre vie.

Le but de la vie et la conscience sont dérivés du signe dans lequel se trouve le Soleil et modifiés par la maison et les aspects du Soleil avec les autres planètes. Ceux qui vivent l'énergie que représente leur placement solaire ont un but et une direction. En tant qu'énergie de jour et d'inspiration, le soleil est que nous sommes lorsque nous agissons dans le monde, même si le signe dans lequel nous nous trouvons est une énergie de nuit ou d'expiration. Par exemple, un Soleil du Cancer vivra une vie utile lorsqu'il s'occupera des autres et les soignera. Le Soleil est le présent et l'ici et maintenant.

La Lune

La Lune représente votre âme ou le noyau le plus profond de votre être. C'est une énergie de nuit ou d'expiration, où les sentiments et les besoins sont primordiaux. La Lune est une énergie subconsciente qui est réceptive à tout ce qui l'entoure. C'est la réponse au stress et elle représente ce qui est nécessaire pour le confort et l'éducation, ainsi que les habitudes et réactions de base. L'énergie de la Lune dans le thème est instinctive, c'est-à-dire que vous avez des intuitions. Le Soleil vous permet d'agir consciemment en fonction de votre intuition et de vos pressentiments. L'énergie de la Lune est créative, sentimentale, adaptable et peut être protectrice ou lunatique et irrationnelle, mais la façon dont cette énergie s'exprime dépend du signe et de la maison de la Lune. Là encore, il est important d'avoir une heure de naissance précise pour connaître la position exacte de la Lune, surtout parce que la Lune est l'énergie qui se déplace le plus rapidement dans le thème.

La phase de la Lune sous laquelle vous êtes né a également une certaine influence. Une phase est une relation angulaire ou un aspect entre le Soleil et la Lune dans le thème. En bref, si vous êtes né avec le Soleil et la Lune en conjonction, vous êtes né sous une phase de nouvelle lune (jour, inspiration, et 0-45 °), ce qui évoque que vous êtes une personne qui a de l'initiative et qui veut faire briller sa lumière sur le monde. La phase de croissant de cire (nuit, expiration, 45-90 °) est celle d'une personne qui apprend l'indépendance et se défait de ses vieux schémas. La phase du premier quart (jour, inspiration, 90-135 °) est celle d'une personne qui aime agir et s'épanouit dans le changement. La phase gibbeuse (nuit, expiration, 135-180 °) correspond à une personne qui a soif de recevoir des connaissances dans la recherche de la vérité. Les personnes en phase de pleine lune (jour, inspiration, 180-225 °) ont la lumière intense du Soleil qui brille sur leurs sentiments, elles sont donc souvent impulsives et instinctives. La phase de dissémination ou gibbeuse décroissante (nuit, expiration, 225-270 °) correspond à une personne qui aime partager ses connaissances et sa sagesse avec le monde. Une personne née sous la phase du dernier quart (jour, inspiration, 270-315 °) est une personne qui se sent quelque peu en décalage avec le monde et qui a besoin de développer une relation avec son moi intuitif. La phase finale, balsamique, ou croissant décroissant (expiration, nuit, 315-360 °) est une personne profondément sensible et intuitive.

Les quatre angles du thème de naissance

Les quatre angles du thème sont formés par l'intersection des axes horizontal et vertical du thème et se situent en quatre points : nord, sud, est et ouest. Ils sont connus sous le nom d'ascendant, descendant, *medium coeli* (MC) et *imum coeli* (IC).

L'ascendant ou signe ascendant

L'ascendant correspond au signe et au degré qui se trouvent à l'horizon oriental au moment et au lieu de la naissance ou du début de tout événement. Le signe ascendant représente la partie de vous que vous présentez au monde, votre « réceptionniste » qui projette une certaine image lorsque les autres vous rencontrent. C'est la couche extérieure de l'être connue sous le nom de persona, également décrite comme le masque qui ne révèle que ce qui veut être vu au départ.

L'ascendant révèle également beaucoup de choses sur la naissance et la petite enfance d'une personne et, en tant que tel, il peut parfois être un mécanisme de défense au début de la vie et dans des situations difficiles. Cependant, nous avons tendance à grandir dans notre ascendant et à le vivre de manière plus proactive à mesure que nous vieillissons. Par exemple, une personne ayant un ascendant Capricorne peut être très sérieuse et réservée quand elle est jeune, mais elle a tendance à se détendre en vieillissant.

Le milieu du ciel (MC)

Le milieu du ciel, également connu sous le nom de *medium coeli* ou MC, est le point le plus élevé du thème et le point d'orgue de la dixième maison dans la plupart des systèmes de maisons. Dans l'hémisphère nord, il représente le sud et dans l'hémisphère sud, il représente le nord.

Le milieu du ciel est l'endroit le plus public du thème et représente la mission, le but ou la contribution dans la vie. On dit souvent qu'il représente la carrière, mais ce n'est pas toujours le cas, bien qu'il représente la nature de la carrière que la personne devrait idéalement poursuivre. Comme il s'agit de l'endroit le plus public de la carte, il représente également la réputation publique et le statut social.

Le descendant

Le signe et le degré sur l'horizon occidental au moment de la naissance, le descendant, représentent ce qui vous attire chez les autres et vos relations avec les autres personnes importantes dans votre vie. Le signe sur le descendant représente l'énergie de ceux avec qui vous chercherez à vous associer dans la vie. Si vous avez un Gémeaux sur le descendant, par exemple, vous apprécierez les partenariats intellectuels qui sont très amusants. Il ne s'agit pas nécessairement d'un signe solaire Gémeaux, mais plutôt de quelqu'un qui a beaucoup d'énergie aérienne dans son thème, y compris les Gémeaux.

L'*imum coeli* (nadir)

Le nadir, également connu sous le nom d'*imum coeli* ou IC, se trouve tout en bas du thème et représente le nord dans l'hémisphère nord et le sud dans l'hémisphère sud. C'est la partie la plus privée du thème astrologique et elle représente votre vie intérieure la plus intime. Le signe du nadir est le point de départ de la quatrième maison dans la plupart des systèmes de maisons et représente également l'un des parents, généralement celui qui est le plus enclin à éduquer. La maison d'enfance et la maison préférée de la personne sont également représentées par le nadir.

Calcul des aspects

Les aspects sont la pierre angulaire de l'interprétation moderne de l'horoscope. Pour plus de détails sur les différents aspects, veuillez consulter le chapitre 6.

Pour calculer les aspects, vous devez connaître le degré et le signe des planètes ainsi que le nombre de degrés qui les séparent. Les degrés et les signes des planètes et des autres corps peuvent être trouvés à l'aide d'une éphéméride, mais heureusement, nous disposons de programmes informatiques qui le font pour nous.

L'*astrologie évolutive*

Dans la plupart des traditions astrologiques occidentales modernes, le thème de naissance est considéré comme une carte du potentiel évolutif et du développement de l'âme. Le thème est également connu sous le nom d'horoscope, de carte de l'âme, de plan cosmique ou de thème natal.

Dans ce livre, nous ne considérons donc pas le thème comme une simple description de la personnalité qui ne change pas au cours d'une vie, mais comme un plan riche en signification et en possibilités. Ce développement se produit à la fois par les transits et les cycles planétaires et par le libre arbitre de la personne qui suit l'appel du développement et de l'évolution. Cela élimine une grande partie des interprétations fatalistes des autres traditions astrologiques.

L'astrologie prédictive a sa place, bien sûr. Je ne veux en aucun cas suggérer que cette approche évolutive est plus valable. L'approche évolutive convient simplement à la nature de ce livre, car elle nous mène à une approche non binaire qui fonctionne pour tout le monde. En d'autres termes, nous parlons à la fois de l'intention évolutive de l'âme et de l'évolution de l'astrologie elle-même.

Les planètes dans leur signe

Si une planète se trouve dans son signe d'origine, sa force est intensifiée, tout comme les qualités du signe et de la planète, qu'elles soient positives ou négatives. Par exemple, Mercure en Gémeaux donnerait un appétit d'apprendre plus vorace et suggérerait également que la personne serait très sociale, en fonction de tous les autres facteurs du thème.

Planète dominante

La planète qui régit le thème et la personne ou l'événement est la planète qui gouverne le signe sur l'ascendant. Le signe et la maison dans lesquels se trouve cette planète modifient l'énergie de l'ascendant. Par exemple, si une personne a l'ascendant Verseau et que sa planète maîtresse, Uranus, est en Balance dans la sixième maison, alors cela suggère que la personne a un mode unique et même excentrique d'expression créative de soi.

Stellium

Un stellium, c'est trois planètes ou plus dans un signe particulier, ce qui signifie que la personne est davantage dans ce signe que si elle n'avait qu'une seule planète dans celui-ci. Comme Mercure et Vénus se déplacent avec le Soleil pendant une grande partie de l'année solaire, les stelliums comprennent souvent l'une ou les deux de ces deux planètes personnelles.

Planètes en réception mutuelle

Deux planètes sont en réception mutuelle lorsque chacune d'elles se trouve dans le signe que l'autre gouverne. Lorsque des planètes sont en réception mutuelle, elles sont connectées même s'il n'y a pas d'aspect entre elles. Les deux planètes se soutiennent mutuellement, mais la qualité de ce soutien dépend de la force de chaque planète dans le signe du thème par triplicité, exaltation, détriment ou chute. Par exemple, si Mars est en Sagittaire et Jupiter en Bélier, les deux planètes sont dans un signe de triplicité de feu et, par conséquent, se soutiendront bien.

Astéroïdes et Chiron

Dans cette section, nous examinerons les quatre principaux astéroïdes et Chiron, bien que Cérès ait été promu au rang de planète naine. Cérès est le seul corps de la ceinture d'astéroïdes à avoir été promu au rang de planète naine jusqu'à présent. Les définitions astronomiques des corps cosmiques changent en raison de nouvelles découvertes ; ces changements de définitions semblent tout à fait appropriés alors que nous entrons dans un nouveau paradigme et commençons à changer le langage utilisé en astrologie.

Chiron

Chiron est l'un des corps les plus intéressants et les plus inhabituels de l'astrologie. Dans la mythologie, Chiron était un centaure, mais il était différent des autres centaures, qui étaient des créatures assez basiques. La plupart des centaures avaient une tête et un torse humains et la queue et les jambes d'un cheval, mais Chiron avait des jambes avant humaines. Chiron était un enseignant, un guérisseur et un archer, et il était immortel. Lorsqu'il fut blessé par une flèche empoisonnée, son immortalité le fit vivre dans l'agonie jusqu'à ce qu'il renonce à son immortalité pour sauver Prométhée.

En raison de ce mythe, Chiron est connu comme le guérisseur blessé en astrologie et on dit qu'il représente la blessure dans le diagramme. Si nous regardons le symbole de Chiron, cependant, il a la forme d'une clé. Combiné avec la nature du mythe et la réputation de Chiron en tant que professeur, mentor, et guérisseur, il est plus raisonnable de le voir comme la clé de la guérison dans votre thème. Chiron est également connu comme le pont arc-en-ciel entre l'esprit et la matière, et le chaman non conformiste.

Chiron n'est pas le maître d'un signe, mais il est associé aux constellations Centaurus et Sagittaire et possède de nombreuses qualités du Sagittaire, bien que certains associent également le centaure à la Vierge en raison de ses capacités de guérison. Une expression malsaine de Chiron serait de se concentrer sur la blessure plutôt que sur la guérison potentielle.

Une personne ayant Chiron en Verseau dans la deuxième maison, par exemple, peut être née avec une tendance à se sentir étrangère aux autres, ce qui peut affecter l'estime de soi. Cependant, la recherche d'une connaissance plus élevée et la communion avec l'univers entier donneront à cette personne la capacité de voir la plus grande image de sa place dans l'humanité.

Cérès

Cérès est connue comme la Grande Mère, la déesse de l'agriculture, et est associée aux signes Cancer, Vierge et Taureau. Dans le thème astrologique, Cérès représente notre façon de nourrir et de répondre à nos besoins. Le placement en maison montre quel type d'expériences vous aideront à promouvoir des sentiments d'amour de soi et d'acceptation de soi. Cela équivaut à votre langage amoureux. Cérès est également associée aux cycles naturels, tels que ceux de la grossesse et de la naissance, les cycles de croissance, les saisons et les hospices.

Lorsque vous vivez la meilleure expression de votre Cérès, vous êtes en accord avec les cycles de la nature et de votre corps et vous honorez votre propre langage d'amour. Par exemple, une personne avec Cérès en Capricorne dans la première maison ressent une plus grande estime de soi lorsqu'elle accomplit des objectifs personnels et lorsqu'elle aide les autres à être responsables d'eux-mêmes, mais elle peut aussi s'identifier de manière excessive à la responsabilité d'enseigner aux autres et au besoin d'impressionner les autres. Lorsqu'elles se concentrent davantage sur leur accomplissement intérieur et moins sur le besoin de contrôler la façon dont les autres prennent leurs responsabilités, elles expriment les qualités supérieures de leur Cérès.

Pallas Athéna

Pallas Athéna est la déesse de la sagesse et une guerrière dont le glyphe astrologique représente la lance guerrière de la justice dans son rôle de protectrice de l'État. Elle est associée aux signes de la Balance, du Lion et du Verseau. Pallas Athéna représente la capacité d'une personne à faire preuve de sagesse créative et de pensée originale, ce qui crée de nouvelles possibilités. Dans le thème, elle représente une vision inspirée et la capacité de donner un sens à des modèles complexes. Un placement fort de Pallas Athéna se retrouve souvent dans les cartes des astrologues, c'est pourquoi elle est connue comme « l'astéroïde de l'astrologue ». Pallas Athéna est exactement en conjonction avec la planète maîtresse, Jupiter.

Pallas Athena est aussi connue pour le désir de l'âme d'évoluer vers un monde moins binaire et vers l'androgynie, il est donc approprié que j'écrive un livre qui va au-delà du monde binaire qui a dominé l'astrologie. Ma Pallas Athena ne régit pas seulement mon signe ascendant Sagittaire, mais elle est aussi en Sagittaire, en conjonction avec le maître du Sagittaire, le professeur.
L'emplacement de votre Pallas Athena, par signe et par maison, indiquera où et comment vous êtes capable d'utiliser l'intelligence créative.

Vesta

Vesta est la flamme éternelle qui brûle en chacun de nous. Dans la mythologie, elle était la prêtresse de la flamme et la déesse des vierges vestales. Elle est associée aux signes de la Vierge et du Scorpion. Rappelez-vous que la signification originale du mot « vierge » était « une personne qui est entière pour elle-même », ce qui donne une indication majeure de la symbologie de Vesta en astrologie. Vesta représente la concentration et l'engagement.

L'emplacement de l'astéroïde par signe et maison indique
où nous concentrons nos énergies ou ce à quoi nous sommes dévoués. Une expression malsaine peut suggérer le fanatisme et l'obsession plutôt que la concentration. Si une personne a Vesta en Scorpion dans la dixième maison, par exemple, elle peut être profondément concentrée sur sa mission dans la vie et avoir tendance à s'y consacrer à l'excès,

souvent au détriment de ses relations interpersonnelles, surtout si elle n'est pas consciente de cette tendance.

Junon

Junon était la consœur divine, épouse de Jupiter (Héra dans la mythologie grecque). En astrologie, l'astéroïde Junon représente notre capacité à établir des relations significatives et est associé aux signes de la Balance (relations significatives) et du Scorpion (relations profondément liées). Le signe de la Balance est également associé à la justice et, en tant que tel, Junon représente également les opprimés et les défavorisés.

L'emplacement de Junon dans les signes et les maisons représente ce que vous désirez le plus dans une relation. S'il se trouve en Sagittaire et dans la onzième maison, par exemple, vous avez besoin de croyances et d'une vision de l'avenir partagées par tous, et aussi que le partenaire soit un ami aussi bien qu'un amant.

Chapitre 10 : Regarder de plus près

Dans ce chapitre, nous allons nous pencher sur certains des points les plus délicats de l'interprétation des cartes de naissance. Il s'agit notamment de l'importance des hémisphères, des nœuds lunaires, de la part de fortune, des planètes rétrogrades, des signes interceptés et des transits. Parmi ces éléments, les deux premiers sont les plus importants dans l'analyse des cartes du ciel. Les transits sont une technique de prédiction que nous ne pouvons qu'effleurer dans le cadre de cet ouvrage.

L'importance des hémisphères

Le thème astrologique est divisé en quatre hémisphères distincts par l'horizon, ou axe horizontal, et le méridien, ou axe vertical. Dans cette section, nous examinerons les quatre hémisphères et ce que signifie l'accentuation des planètes et autres corps essentiels dans chacun.

L'hémisphère sud

L'hémisphère sud est la moitié supérieure de la carte du ciel. Ceux qui ont un plus grand nombre de corps planétaires dans cet hémisphère sont susceptibles de mener une vie consciente, orientée vers l'événement et d'être stimulés par l'interaction avec le monde extérieur.

L'accent mis sur les maisons doit être combiné avec l'accent mis sur l'hémisphère, car les qualités extraverties du thème seront plus apparentes si la plupart des planètes se trouvent dans les septième, neuvième, dixième et onzième maisons, et moins marquées avec une concentration de planètes dans les huitième et douzième maisons, car ces dernières sont des domaines très privés de la vie qui ont une énergie nocturne ou expiratoire et sont gouvernées par des signes d'eau, ce qui signifie qu'elles sont plus introverties que les autres maisons.

L'hémisphère nord

La moitié inférieure du thème astrologique correspond à l'hémisphère nord. Une concentration de planètes dans cet hémisphère est synonyme de nuit, d'énergie expirante et d'une nature plus introvertie. Il s'agit d'une personne plus subjective et tournée vers l'intérieur, qui mène une vie plus intuitive et réceptive. Cette personne est susceptible d'apprécier la solitude et a besoin de temps seule pour se sentir énergisée. De même, trop de temps en compagnie des autres sera épuisant. Une concentration dans la première et la cinquième maison atténuera légèrement ces qualités, car ces dernières sont plus ouvertes sur l'extérieur.

L'hémisphère oriental

Dans le diagramme astrologique, l'hémisphère oriental est le côté gauche du diagramme — l'accent est mis ici sur le jour, l'énergie d'inspiration. Les personnes ayant une concentration de planètes à cet endroit sont autodéterminées, orientées vers un but et intentionnelles. Elles sont plus susceptibles d'utiliser leur volonté pour choisir et créer consciemment leur propre réalité. Elles sont souvent considérées comme volontaires et moins enclines à travailler en collaboration avec les autres.

Hémisphère occidental

L'hémisphère occidental est le côté droit du thème astrologique. C'est l'énergie de la nuit, de l'expiration, dans laquelle nous sommes plus susceptibles de nous abandonner à la volonté des autres et aux forces au-delà du domaine conscient. Les personnes qui ont une concentration de planètes dans cet hémisphère sont plus collaboratives et coopératives par nature, mais elles sont aussi plus susceptibles d'être réceptives à la pression de leurs pairs. Comme elles sont du genre à suivre le courant, il leur est plus facile pour elles de changer de cap même si elles ont consciemment choisi une certaine voie.

Les nœuds de la Lune : nord et sud

Les nœuds lunaires sont les deux points d'intersection de l'orbite de la Lune avec l'écliptique. Le nœud nord-est l'endroit où la Lune croise l'écliptique dans une direction nord de notre point de vue et le nœud sud-est l'endroit où la Lune croise l'ecliptique dans une direction sud. Les deux nœuds lunaires sont toujours opposés l'un à l'autre.

Dans la plupart des interprétations astrologiques, les nœuds lunaires représentent un chemin de développement pour l'âme dans chaque vie, le nœud sud représentant le passé, et le nord, le futur. Également connus sous le nom de queue du dragon (nœud sud) et de tête du dragon (nœud nord), ils représentent également nos réactions émotionnelles par défaut, ou habitudes de l'âme, et le potentiel de l'âme, ou les habitudes vers lesquelles se diriger consciemment. Ils constituent un *continuum* de développement, le nœud sud n'étant ni tout à fait mauvais ni tout à fait bon. Voici un bref résumé de la signification des nœuds.

- **Nœud nord dans la première maison ou le Bélier** : développe l'indépendance, le courage, la spontanéité et la conscience de soi.

- **Nœud nord dans la deuxième maison ou Taureau** : développe des valeurs fortes, de l'estime de soi, une connexion avec la Terre et les sens, la patience et la loyauté.

- **Nœud nord dans la troisième maison ou Gémeaux** : développe la curiosité, la capacité d'écoute, l'ouverture d'esprit aux nouvelles idées et autres perspectives, et le tact.

- **Nœud nord dans la quatrième maison ou Cancer** : développe l'empathie, la capacité à remarquer et à valider les sentiments, l'humilité, la conscience et l'acceptation des sentiments et des humeurs des autres.

- **Nœud nord dans la cinquième maison ou Lion** : développe la confiance en soi, l'expression créative de soi, la volonté de se démarquer, et un sens du jeu et de l'amusement.

- **Nœud nord dans la sixième maison ou Vierge** : développe un sens du service, une plus grande attention aux routines et aux détails, la modération et l'action compatissante.

- **Nœud nord dans la septième maison ou Balance** : développe la capacité à collaborer, la diplomatie, la prise de conscience des besoins des autres et comment vivre et travailler avec les autres.

- **Nœud nord dans la huitième maison ou Scorpion** : développe moins d'attachement à la valeur matérielle, la conscience des désirs et des motivations psychologiques des autres, et le partage de la dynamique du pouvoir.

- **Nœud nord dans la neuvième maison ou Sagittaire** : développe la conscience et la confiance en son intuition ou les conseils de la source, le sens de l'aventure et la confiance en soi, et la conscience supérieure.

- **Nœud nord dans la dixième maison ou Capricorne :** développe le contrôle de soi et le respect, prend le rôle de la maturité dans les situations, la responsabilité, et la dépendance de soi.

- **Nœud nord dans la onzième maison ou Verseau :** développe l'estime de soi et la volonté de partager des idées inventives et non conventionnelles, la capacité à travailler en groupe et à se connecter avec l'humanité d'une manière égalitaire et humanitaire, ainsi que la capacité à s'engager dans des projets de développement.

- **Nœud nord dans la douzième maison ou Poissons :** développe la compassion, la confiance en la source et l'abandon à celle-ci ou le principe de création collective, l'amour inconditionnel, un chemin spirituel et des pratiques d'autoréflexion.

- **Nœud sud en première maison ou en Bélier :** travaille à diminuer l'emprise des habitudes d'impulsivité, d'égoïsme malsain, de colère, et de l'affirmation de soi à outrance.

- **Nœud sud dans la deuxième maison ou le Taureau :** travaille à diminuer les tendances têtues, la résistance au changement, l'attachement excessif à la propriété et à l'accumulation de biens matériels, la suralimentation et autres excès d'indulgence.

- **Nœud sud dans la troisième maison ou Gémeaux :** travaille à diminuer l'impact de l'indécision, de la croyance qu'on a toujours besoin de plus d'informations ou d'études avant d'agir, d'ignorer l'intuition et de faire confiance aux opinions et aux idées des autres plutôt qu'aux nôtres.

- **Nœud sud dans la quatrième maison ou Cancer :** travaille à réduire la dépendance aux autres, l'insécurité, l'utilisation manipulatrice des émotions, l'évitement des risques et l'attachement excessif aux peurs et à la sécurité.

- **Nœud sud dans la cinquième maison ou Lion :** travaille à diminuer le besoin d'adulation et d'approbation des autres, le sentiment de droit, la prise de risques et les tendances mélodramatiques.

- **Nœud sud dans la sixième maison ou Vierge :** travaille à diminuer les tendances à donner jusqu'au sacrifice de soi, l'abnégation, la difficulté à recevoir des autres, la paralysie de l'analyse, l'anxiété et l'inquiétude, et le fait d'être trop critique.

- **Nœud sud dans la septième maison ou Balance :** travaille à atténuer les habitudes d'altruisme, d'être gentil au détriment de soi et des autres et d'être trop critique.

- **Nœud sud en huitième maison ou Scorpion :** travaille à diminuer les habitudes obsessionnelles ou compulsives, la préoccupation concernant les motivations et les actions des autres, l'hyperréactivité et l'irritation par rapport aux autres et l'attirance pour les situations de crise.

- **Nœud sud dans la neuvième maison ou Sagittaire :** travaille pour diminuer le dogmatisme et l'autosatisfaction, l'habitude d'être dogmatique et moralisateur, de ne pas écouter ce que les autres disent vraiment, de parler au-dessus des autres et avant d'avoir réfléchi.

- **Nœud sud dans la dixième maison ou Capricorne :** travaille à diminuer le besoin d'être en contrôle et responsable de tout et de tous, de paraître fort à tout moment et le fait d'être trop centré sur les objectifs.

- **Nœud sud dans la onzième maison ou Verseau :** travaille à diminuer l'habitude de se détacher des situations émotionnelles et de paraître froid, d'éviter la confrontation et d'avoir tendance à se transformer pour s'intégrer à la foule afin de se sentir accepté plutôt que d'embrasser son individualité.

- **Nœud sud dans la douzième maison ou Poissons :** travaille à diminuer l'hypersensibilité et à moins jouer les victimes, à réduire les tendances à se retirer et à abandonner facilement, l'évasion extrême et l'évitement du monde « réel ».

Le rôle de la Fortune

La Part de Fortune est un point calculé à partir des longitudes du Soleil, de la Lune et de l'ascendant, une technique qui était couramment utilisée dans l'astrologie ancienne. Elle est remise au goût du jour avec la résurgence de l'astrologie hellénistique. C'est l'une des nombreuses techniques arabes ou grecques, et c'est la plus connue et la plus utilisée. La Part de Fortune peut être calculée avec la plupart des logiciels d'astrologie.

La Part de Fortune se calcule selon la méthode suivante : dans un thème de jour, c'est-à-dire un thème où le Soleil se trouve dans l'hémisphère sud ou au-dessus de l'horizon, la Part de Fortune se trouve là où la Lune se trouverait si le Soleil était à l'ascendant. Dans un thème de nuit, où le Soleil se trouve dans l'hémisphère nord ou sous l'horizon, la Part de Fortune se trouve là où le Soleil se trouverait si la Lune était à l'ascendant. Dans les deux cas, vous comptez le nombre de degrés entre le Soleil et la Lune et vous calculez cette même distance dans le sens des aiguilles d'une montre ou dans le sens inverse, en fonction des placements du thème natal par rapport à l'ascendant, pour trouver l'emplacement de la part de fortune.

La Part de Fortune indique généralement ce que son nom suggère et montre où vous pouvez trouver votre chance et avec quelle facilité vous trouverez l'abondance ou la richesse. Le signe et la maison dans lesquels se trouve la Part de Fortune suggèrent la zone où vous trouverez la fortune. Par exemple, une part de fortune en Gémeaux dans la sixième maison peut indiquer que la fortune se trouve dans l'art de parler ou d'écrire, surtout si cela est fait dans le but de servir les autres.

Planètes rétrogrades

On dit d'une planète qu'elle est rétrograde lorsqu'elle semble reculer de notre point de vue terrestre. Aucune planète ne recule réellement ; le mouvement rétrograde est dû à une différence de vitesse lorsque les planètes sont à leur point le plus proche de la Terre. Quand une planète est plus éloignée de la Terre, elle semble se déplacer directement vers l'avant.

En fait, toutes les planètes de notre système solaire tournent autour du Soleil. Cette anomalie se situe donc de notre point de vue, en raison de nos orbites relatives.

Les jours où une planète semble s'arrêter et rétrograder, ou directement à la fin de la période rétrograde, sont appelés les stations. Le Soleil et la Lune ne semblent jamais être rétrogrades. Toutes les autres planètes sont rétrogrades et Mercure l'est trois ou quatre fois par an. Dans un diagramme astrologique, une planète rétrograde est marquée en rouge ou par un « R ». Une planète stationnaire aura un « S » à côté d'elle. Les périodes rétrogrades sont les plus fortes dans la période qui précède et pendant quelques jours après la date de la station.

L'impact de l'apparente rétrogradation est dû à la proximité de la Terre et au fait que la planète semble retracer une zone du zodiaque de notre point de vue, ce qui fait que son énergie est plus vivement ressentie. Le fait de retracer le chemin à travers une zone du zodiaque nous entraîne dans un voyage plus intérieur ou nocturne, ou nous invite à expirer et à libérer certaines leçons de la période où la planète était directe.

Si un thème natal comporte des planètes rétrogrades, il est probable que vous vous sentiez quelque peu en décalage avec ce qui est considéré comme la norme dans la société ; dans ce domaine de la vie, vous marchez au rythme de votre propre tambour. C'est également un domaine dans lequel vous êtes davantage tourné vers l'intérieur. Ceci est accentué lorsque la planète rétrograde est une planète personnelle, comme Mercure, Vénus ou Mars. Si Jupiter ou Saturne est rétrograde, vous pouvez vous sentir étranger à la culture dominante d'une certaine manière. Si une planète extérieure, Neptune, Uranus, ou Pluton est rétrograde, alors vous pouvez vous sentir en décalage avec votre génération. Il est peu fréquent d'avoir plus de trois rétrogradations dans un thème natal, mais si c'est le cas, la personne se sentira en décalage avec le monde dans lequel elle est née et sera probablement vraiment unique.

La rétrogradation expliquée

Toutes les planètes ont des périodes rétrogrades. Cependant, le Soleil et la Lune ne semblent jamais rétrograder. Toutes les planètes apparaissent rétrogrades pendant des périodes différentes et avec une régularité différente, connue sous le nom de « période synodique ».

- Mercure semble être rétrograde trois et parfois même quatre fois par an.
- Venus est rétrograde pendant environ 21 jours tous les 19,2 mois.
- Mars est rétrograde pendant environ 72 jours tous les 25,6 mois.
- Jupiter semble être rétrograde pendant environ 121 jours tous les 13,1 mois.

- Saturne semble être rétrograde pendant environ 138 jours tous les 12,4 mois.

- Uranus est rétrograde pendant environ 151 jours tous les 12,15 mois.

- Neptune est rétrograde pendant environ 158 jours tous les 12,07 mois.

- Pluton semble être rétrograde pendant environ 150 jours tous les 12,3 mois.

Les signes interceptés

Les signes interceptés se produisent lorsqu'on utilise des systèmes de maisons inégaux tels que ceux de Placidus, Porphyre ou Koch, qui sont des systèmes de maisons basés sur le temps ; la première maison commence avec le degré réel de l'ascendant et les maisons sont de tailles différentes, car elles sont calculées en divisant l'espace autour de l'écliptique par des méthodes différentes. Dans ces systèmes de maisons, la différence de taille est d'autant plus grande si la personne est née loin de l'équateur. La plupart des astrologues occidentaux modernes utilisent des systèmes de maisons basés sur le temps. Les maisons opposées sont toujours de la même taille, ce qui signifie que vous aurez toujours au moins deux signes interceptés si vous en avez. Cela signifie également que le même signe régira la cuspide de deux maisons.

Les astrologues pratiquant des techniques plus traditionnelles utilisent souvent des systèmes basés sur l'espace, tels que les systèmes de signes entiers ou de maisons égales, où les maisons sont divisées de manière égale par 30 °.

Lorsqu'un signe est intercepté dans le thème natal, l'énergie de celui-ci est plus difficile d'accès pour la personne, et il représente des blocages là où elle a trouvé cette partie d'elle-même difficile à développer au début de sa vie ; elle devra apprendre consciemment à la développer. L'observation du placement et des aspects de la planète dominante du signe intercepté peut vous aider à apprendre à accéder à cette partie du thème.

Les transits astrologiques

Les transits sont un moyen d'interpréter le mouvement continu des corps planétaires en relation avec le thème natal. Une planète peut transiter par n'importe quel aspect et constitue un moyen de prévoir les tendances et le développement personnel. L'interprétation d'un transit astrologique implique de combiner les mots-clés de la planète en transit par signe et maison avec la planète ou le point transité dans le thème par signe et maison.

L'une des façons les plus importantes d'étudier les transits est de regarder les retours planétaires. Cela signifie que la planète est revenue au même point que celui où elle se trouvait dans le thème natal, et cela ne se produit généralement que pour les planètes jusqu'à Uranus, puisque Neptune a un cycle de 164 ans et Pluton un cycle de 248 ans. Les retours lunaires ont lieu tous les 28 jours environ et les retours solaires tous les 365 jours. Un thème de retour peut être établi pour tout retour planétaire et signifie le développement et l'orientation de la personne pour le prochain cycle de cette planète.

Le thème de retour le plus couramment utilisé est le thème du retour solaire. Il est établi au moment où le Soleil revient au degré et à la minute où il se trouvait dans le thème natal. Les astrologues ne sont pas tous d'accord sur la question de savoir s'il faut utiliser le lieu de naissance natal ou le lieu actuel ; je préfère utiliser le lieu de naissance. Le thème du retour solaire se lit comme le thème natal, mais se concentre uniquement sur l'année à venir. Il s'agit donc d'un indicateur de ce que votre prochaine année solaire vous apportera et sur quoi vous vous concentrerez.

L'un des retours les plus connus est le retour de Saturne, qui se produit autour des âges de 29, 58 et 87 ans et indique les grandes périodes de maturation ou les étapes de la vie. Maintenant que nous avons ajouté de la profondeur à l'analyse des graphiques, nous allons regarder votre vocation, pour vous donner une idée de ce qui convient à chaque signe du zodiaque.

Partie 3 : les signes du Soleil au travail et en amour

Dans la troisième partie, nous allons couvrir les douze signes du soleil au travail et en amour afin de vous donner des idées de carrière potentielles et vous éclairer sur la compatibilité de chaque signe avec les autres.

Chapitre 11 : Votre vocation selon le zodiaque

Une carte de naissance peut donner à une personne une grande indication sur le type de travail qui sera le plus épanouissant et qui complétera le mieux ses talents et ses capacités uniques. Il ne peut cependant pas vous dire exactement quel chemin de carrière suivre, il est donc préférable de le considérer comme une ouverture des possibilités.

Dans ce chapitre, nous allons examiner de près les carrières idéales et les profils personnels en rapport avec ces carrières pour chaque signe du zodiaque. Il y aura des suggestions de carrière pour chaque signe, mais veuillez les utiliser comme un tremplin vers d'autres possibilités. Par exemple, « photographe » pourrait être une suggestion basée sur les indicateurs de carrière dans le thème, comme un milieu de ciel Gémeaux, mais si le thème est fortement marqué par la huitième maison également, la personne pourrait être attirée par la photographie de boudoir en raison des thèmes plus profonds et des défis de ce style de photographie.

Pour avoir une idée précise de la carrière qui vous convient le mieux, vous devez regarder au-delà de votre signe solaire. Je suggère de regarder le signe du milieu du ciel ou sur la corne de la dixième maison du thème natal, puis de regarder le signe et le placement en maison du souverain de ce signe pour vous faire une image plus profonde du type de travail qui vous conviendrait le mieux. Pour une lecture plus approfondie, penchez-vous aussi sur la sixième maison, pour voir quel type de travail quotidien conviendrait le mieux à votre personnalité, ainsi que l'accent mis sur les éléments et les modalités, les *stelliums* dans un signe et les aspects.

En d'autres termes, l'ensemble du thème doit être considéré pour obtenir une analyse professionnelle approfondie. Dans cette veine, je vais donner des exemples de personnes célèbres de signe solaire, mais nous sommes plus que notre signe solaire, alors s'il vous plaît, prenez tout cela en compte lorsque vous interprétez votre propre carte du ciel.

Le Bélier au travail

Les Béliers sont plus adaptés aux carrières où ils prennent le *leadership* ou au travail indépendant, de préférence en lançant de nouveaux projets avec d'autres personnes à qui ils peuvent déléguer ce qu'ils ont commencé. Le Bélier aime les environnements rapides et compétitifs où son enthousiasme naturel ne sera pas freiné. Les Béliers sont généralement audacieux et prêts à relever tous les défis, à prendre des risques et à avoir une attitude irréprochable. Ils sont les francs-tireurs intrépides du monde.

Pompier, chirurgien, technicien médical d'urgence, directeur artistique, professionnel des relations publiques, officier de l'armée ou des forces de l'ordre, entrepreneur, investisseur en capital-risque, alpiniste, guide touristique, instructeur de CrossFit ou entraîneur sportif, athlète, sculpteur sur métal, mécanicien, chasseur, orfèvre ou autre métallier, et chef cuisinier sont autant de carrières idéales pour un Bélier.

Un patron Bélier peut être inspirant, énergique et un *leader* né. Vous n'aurez aucun doute sur ce que le patron pense de votre travail, qu'il s'agisse des plus grands éloges ou des critiques les plus grossières et les plus directes. Il n'y a pas de vindicte ; le patron Bélier est tout simplement direct à l'excès. Le patron Bélier n'aime pas les réflexions excessives et attend de chacun qu'il mette beaucoup d'énergie dans son travail et qu'il termine les projets rapidement. Il apprécie également l'admiration et le respect, mais peut voir clair dans toute fausse flatterie en un instant.

Les employés Bélier peuvent être les plus travailleurs et les plus dynamiques si on n'essaie pas de les maintenir dans une routine rigide ou de les coincer à un bureau. Si vos employés Bélier s'ennuient, ils partiront probablement. Ils travaillent mieux lorsqu'on leur donne de l'autonomie et qu'ils doivent rendre des comptes à un minimum de personnes. Si on leur donne la liberté de s'approprier leur propre emploi du temps et leur façon de travailler, ils seront les employés les plus productifs et les plus dynamiques.

Le collègue Bélier n'est pas vraiment le meilleur pour le *coworking*, à moins que vous ne soyez heureux de le laisser prendre l'initiative et faire ses propres affaires. Ils sont compétitifs et aiment être les premiers, ils ne réagiront donc pas bien si leurs collaborateurs gravissent les échelons avant eux. Cependant, si vous êtes heureux de les laisser diriger, ils peuvent être pleins d'entrain et très inspirants.

Le Taureau au travail

Les Taureaux sont les plus aptes à mener des carrières qui apportent stabilité et sécurité. Les Taureaux sont loyaux et tenaces, mais peuvent aussi être têtus et pondéreux. Ils aiment aussi les bonnes choses de la vie : la bonne nourriture, un environnement beau et confortable, la nature… Les Taureaux aiment les choses tangibles de la vie et, par conséquent, travailler avec ce qui est tangible. Cela signifie des choses qu'ils peuvent toucher, voir, sentir, entendre et goûter.

Les bonnes carrières pour le Taureau sont celles de banquier, caissier, financier, agent hypothécaire, chanteur, agriculteur, professionnel de l'immobilier, architecte d'intérieur, podologue, réflexologue, fleuriste, jardinier, paysagiste, bijoutier, blogueur beauté, ambassadeur de marque, viticulteur, chef cuisinier, photographe paysagiste, assistant de direction et directeur de restaurant.

Un patron Taureau est un bâtisseur et il s'efforcera de développer et de faire croître l'entreprise ou le domaine dans lequel il travaille. Il est probablement le patron le plus patient de tous et il aime un environnement harmonieux et paisible. En tant que tel, il ne réagit généralement pas aux petits problèmes. Les problèmes vraiment importants, cependant, peuvent transformer le Taureau en taureau enragé, mais le patron Taureau donnera généralement à l'employé une chance de rectifier ses erreurs avant de perdre son calme. Comme le patron Taureau aime la solidité et les résultats stables, il sera généralement tolérant envers ceux qui ont besoin de temps supplémentaire pour faire quelque chose de bien plutôt que d'exiger que ce soit achevé dans la précipitation. Ils aiment les employés qui sont disciplinés et prudents dans leur approche.

Les employés Taureau sont fiables, inébranlables et dignes de confiance. Ils ont une présence apaisante sur leur lieu de travail et ne sont pas décontenancés par les crises ; en fait, une crise peut faire ressortir ce qu'il y a de meilleur en eux, car ils gèrent calmement la situation.

Les collaborateurs Taureau sont également agréables à côtoyer, bien que leur rythme lent puisse frustrer certaines personnes plus rapides, tout comme leur résistance au changement. Cependant, ils sont susceptibles d'apporter de bonnes collaborations sur le lieu de travail, donc si vous souhaitez vous faire plaisir, il est bon de les contacter. Ils sont également très doués pour aider les personnes qui ont l'esprit d'initiative à terminer leurs projets.

Les Gémeaux au travail

La nature bavarde, curieuse et changeante des Gémeaux signifie qu'ils sont les mieux placés pour travailler et les plus adaptés à des carrières qui donnent beaucoup d'opportunités pour apprendre de nouvelles informations et rencontrer beaucoup de gens. Ils n'aiment pas la routine ni rester assis longtemps. Les Gémeaux sont persuasifs, ils sont généralement de bons orateurs et aiment les tâches multiples. Ils aiment les environnements au rythme effréné.

Les carrières qui conviennent aux Gémeaux sont les suivantes : scientifique, agent publicitaire, journaliste, écrivain, enseignant, comptable, programmeur informatique, ingénieur, chef de projet, analyste des médias, spécialiste en communication, interprète, agent de transport, chauffeur, conteur, animateur, animateur de radio ou de podcast, blogueur, photographe, tuteur, guide, assistant personnel, vendeur ou animateur de télévision.

Il peut être difficile de travailler pour un patron Gémeaux en raison de sa nature agitée et imprévisible. Il est constamment en mouvement. Il travaille mieux lorsque toutes les tâches routinières sont déléguées et qu'on le laisse s'occuper d'idées, de projets et de schémas abstraits. Le changement est une constante chez le patron Gémeaux et il a tendance à remarquer tout ce qui se passe. Il est cependant très sympathique, car il a un grand sens de l'humour et est très grégaire, mais il s'avère généralement assez détaché émotionnellement et ne voudra pas trop s'impliquer dans les drames émotionnels de ses employés.

Pour un employé plus statique, travailler pour un patron Gémeaux peut ressembler à une boule de confusion, mais ce n'est pas lui qui est confus. S'il peut vivre avec le changement et le rythme rapide, il s'amusera avec ce patron. Un employé Gémeaux n'aime pas être confiné de quelque façon que ce soit et deviendra très agité s'il se sent à l'étroit, ce qui le rendra inefficace. Bien qu'ils semblent distraits, les employés Gémeaux absorbent réellement les informations et font le travail. C'est particulièrement vrai si leurs compétences naturelles sont utilisées. Ils sont également susceptibles de négocier facilement des augmentations de salaire, car ils auront toujours un bon argument pour expliquer pourquoi ils le méritent.

En tant que collègues, les Gémeaux sont très amusants mais très distrayants, car leur esprit passe souvent d'un sujet à l'autre. Ils parleront de tous ceux avec qui ils collaborent, mais seront la vie et l'âme du lieu de travail et organiseront probablement des fêtes ou des événements professionnels.

Le Cancer au travail

Les individus Cancer sont adaptables et ont une présence nourricière. Ils sont plus adaptés aux carrières impliquant de s'occuper des gens ou des maisons d'une manière ou d'une autre. Ils sont également traditionnels et aiment tout ce qui a trait à l'héritage et aux sentiments. Leur lien émotionnel avec leur carrière est important ; sinon, ils risquent de devenir émotifs et peut-être même irrationnels. Ils sont généralement doués pour les finances.

Les bonnes idées de carrière pour les Cancers sont les suivantes : infirmier, pédiatre, gynécologue-obstétricien, conseiller, directeur commercial, agent d'achat immobilier, archéologue, historien, traiteur, boulanger, nutritionniste, diététicien, organisateur professionnel, praticien du feng shui, enseignant, chef cuisinier, gestionnaire de contenu, expert en stratégie de marque, concepteur de sites Web, travailleur social ou marchandiseur.

Les patrons Cancer sont stricts sur l'éthique du travail et sont très dévoués à leur profession ou à leur entreprise. Les employés seront récompensés pour leurs bons efforts au travail, mais tout relâchement ou mauvaise gestion du temps sera désapprouvé. Les besoins du Cancer en matière de sécurité financière font du lieu de travail une arène sérieuse, donc si vous avez un patron Cancer, une approche prudente et sincère de tout ce que vous faites fonctionnera le mieux.

Les employés Cancer travaillent principalement pour la sécurité financière et, par conséquent, adoptent une approche sérieuse de leur carrière et sont très diligents. Ils s'attendent à être récompensés pour leur diligence par des augmentations de salaire décentes ; si c'est le cas, ils resteront longtemps à leur poste. Le Cancer cherchera également à gravir les échelons. Le plus gros inconvénient est que si un Cancer a des problèmes émotionnels dans sa vie, il aura du mal à les séparer du travail.

Les Cancers ont un esprit d'équipe naturel et sont généralement gentils et attentionnés envers leurs collègues. Cependant, ils ont besoin d'un environnement de travail sans stress — si les choses deviennent chaotiques, leurs émotions aussi.

Le Lion au travail

Le Lion aime être sous les projecteurs et est le roi du zodiaque, ou du moins c'est ainsi qu'il s'attend à être traité. Les Lions sont cependant pleins de cœur et sont passionnés, enjoués, créatifs et amusants.
Comme ils sont des *leaders* naturels, ils conviennent mieux aux carrières qui les placent dans cette position ou qui leur permettent de briller de tous leurs feux.

Voici quelques exemples de bonnes carrières de Lion : acteur, DJ, graphiste, agent de publicité, comédien, diffuseur, PDG, fonctionnaire, architecte, directeur, organisateur d'événements, stratège médiatique, vlogueur, mannequin, promoteur de produits, cadre commercial, bijoutier, artiste ou animateur pour enfants.

Le patron Lion est né pour diriger et il le fera savoir à tout le monde. Le Lion est un bon organisateur et sait répartir les tâches au sein d'une équipe. Il est également ouvert aux nouvelles idées, mais ne sait pas toujours reconnaître ceux qui les ont eues. Les Lions créent généralement un environnement de travail assez voyant, ce qui peut être très amusant si vous les laissez toujours être le patron. N'essayez jamais d'éclipser un patron Lion car il est très fier et peut réagir comme un enfant si on le contrecarre.

En tant qu'employé, le Lion aura besoin de beaucoup de caresses pour son ego, de compliments et d'attention. Il réagit également bien aux titres et au statut. Si vous l'ignorez, cependant, il sera profondément blessé et ne réagira pas bien. Il doit avoir un poste qui met en valeur ses talents ; quand c'est le cas, sa loyauté et sa fierté dans son travail sont immenses.

Si vous êtes sincère avec un collègue Lion, il vous sera loyal sur le lieu de travail. Les Lions ont cependant tendance à penser qu'ils dominent le lieu de travail, il est donc opportun de les laisser croire qu'ils le font. Lorsqu'un Lion est blessé dans son orgueil et son cœur, il a souvent un comportement enfantin et peut faire la moue, mais lorsqu'un Lion est heureux, il illumine la pièce et est bienveillant envers tous ceux qui l'entourent. Il est bénéfique pour tous de montrer de l'admiration et de complimenter un patron Lion, car il rendra de l'amour à tous ses employés.

La Vierge au travail

Les Vierges sont les mieux placées pour les carrières qui font appel à leur esprit critique et analytique. Elles sont attirées par le fait de travailler avec leurs mains, en utilisant leur coordination yeux-mains à travers des compétences techniques. Hautement organisées et soucieuses du détail, elles sont également attirées par les carrières qui ont un sens et sont utiles au bien commun. En d'autres termes, elles aiment se mettre au service des autres et poursuivront n'importe quelle carrière jusqu'à la perfection.

Les carrières idéales pour les Vierges sont les suivantes : comptable, nutritionniste ou diététicien, chercheur, critique, analyste de données, statisticien, auditeur, gouvernante, organisateur, enquêteur, investisseur, technicien, sculpteur, concepteur de sites Web, créateur de mode, modéliste 3D, ingénieur informatique, vétérinaire, soudeur, herboriste, réceptionniste, psychologue, psychiatre, comptable, bibliothécaire, employé de banque, chercheur médical, éditeur, rédacteur technique, inspecteur ou ingénieur.

Le patron Vierge remarque chaque détail et peut avoir tendance à faire de la microgestion, car il veut que tout soit fait selon ses critères de perfection. Il consacre beaucoup de temps à la planification et à la réflexion avant de prendre des décisions, mais cela peut parfois signifier qu'il n'a pas la perspective d'une vue d'ensemble. Les Vierges sont leurs plus grands critiques dans toutes les situations. Même si le patron Vierge a des exigences très élevées, il n'est pas autoritaire, et il est excellent dans la gestion des crises car, comme la plupart des signes de terre, il est patient.

En tant qu'employée, la Vierge n'a pas de gratification pour son ego et veut servir, mais elle a le sens de l'équité, donc elle aura besoin d'être rémunérée équitablement et elle est susceptible de vous faire respecter chaque détail de votre contrat de travail. Comme les Vierges ont tendance à s'inquiéter, l'attention qu'elles portent à ces détails reflète leurs craintes de ne pas être financièrement stables et indépendantes. Mettez-les dans un poste qui utilise leur attention aux détails et vous et votre entreprise serez bien récompensés.

Les collègues Vierges sont des gardiens et aideront leurs collègues plus négligents à s'occuper des détails, mais cela peut sembler critique et tatillon par moments. Ils peuvent également sembler anxieux et stressés lorsque les détails ne sont pas réglés. Si vous avez besoin d'un ibuprofène ou d'un autre médicament, votre collègue Vierge l'aura probablement sous la main car elle s'intéresse à tous les aspects de la santé. Ces personnes sont susceptibles d'avoir beaucoup de listes de choses à faire.

La Balance au travail

Les Balances aiment la paix, l'harmonie et l'équilibre et travaillent mieux dans une atmosphère qui reflète cette énergie. Elles sont également orientées vers les gens et aiment interagir avec les autres et nouer des relations, elles n'aiment donc pas vraiment travailler seules. Elles apprécient également toute carrière qui implique de créer l'équité.

Les carrières idéales pour les Balances sont les suivantes : artiste, directeur des ressources humaines, médiateur, diplomate, maquilleur ou coiffeur, graphiste, avocat, entremetteur, créateur de mode, conseiller d'orientation, négociateur, organisateur d'événements, infirmier, administrateur commercial, responsable du contrôle de la qualité, musicien, politicien, agent de publicité créative, professeur d'arts libéraux, travailleur social ou responsable des relations de travail.

Le patron Balance sera plus à même de travailler en partenariat que seul, mais dans tous les cas, il dirigera une organisation juste et équitable, traitant tout le monde de la même manière à tous les égards. Ses tentatives constantes de plaire à tout le monde peuvent faire paraître la Balance indécise et hésitante. Les Balances n'apprécient pas les employés agressifs et querelleurs et seront impressionnées par ceux qui prennent soin de leur apparence et se comportent bien.

L'employé Balance apporte sa présence apaisante dans toute situation de travail et est un modèle de tact et de diplomatie, s'entendant avec presque tout le monde tant que l'environnement n'est pas bruyant et conflictuel. Les Balances sont ambitieuses, voudront des promotions méritées, et, étant un signe d'air, de jour, elles aiment qu'on leur confie des tâches qui feront appel à leurs capacités intellectuelles.

Le collègue Balance est gracieux, intelligent et a tendance à être ami avec tout le monde. Il ne prend pas parti dans les discussions animées et prend souvent les choses personnellement, mais il est probable qu'il soit gentil avec vous pour maintenir une atmosphère agréable sur le lieu de travail.

Le Scorpion au travail

Le Scorpion est un signe profond et complexe qui travaille mieux dans des environnements où ses tendances presque obsessionnelles lui permettent de se plonger profondément dans son travail. Comme il s'agit d'une personne très privée, elle travaille bien seule et ne sera pas attirée par les bavardages et les discussions à la pause café.

Les carrières qui conviennent à un Scorpion sont celles de psychothérapeute, chirurgien, détective, chercheur, ingénieur, médecin légiste, conseiller financier, analyste de marché, collecteur de factures, enquêteur, politicien, analyste politique, croque-mort, médecin légiste, spécialiste de la fertilité, sexologue, chimiste, guérisseur chamanique ou photographe boudoir.

Le patron Scorpion est intense et peut être intimidant, car il a une présence pénétrante et peut voir les motivations des autres, et il utilisera cette capacité à son avantage. Le patron Scorpion ne fera pas immédiatement confiance à ses employés, mais une fois qu'il l'aura fait, il récompensera les personnes méritantes et talentueuses. Son manque de confiance peut créer des problèmes de délégation de tâches, ce qui peut réduire la productivité de l'équipe.

Les employés Scorpions restent discrets, sont très posés et dégagent une grande confiance intérieure. Ce sont les travailleurs les plus ingénieux, les plus déterminés et les plus motivés, mais ils risquent d'être assez intimidants pour les employeurs et les employés. Il est préférable de les affecter à un projet profond et intensif qui leur permettra de rester dans leur zone et de travailler seul.

Le collaborateur Scorpion a une forte présence et une grande perspicacité dans la psyché de ses collègues. Sa capacité d'écoute naturelle amène les autres à partager leurs problèmes les plus profonds avec lui, mais ils apprendront peu de choses sur lui en retour. Parce que les Scorpions sont assidus, ils font de bons collègues de travail si vous ne vous attendez pas à quelque chose de léger et d'agréable.

Le Sagittaire au travail

Les Sagittaires sont naturellement curieux, optimistes, aventureux et conviennent mieux à une carrière qui leur donne la liberté d'explorer le monde physiquement ou mentalement. Les rôles où leur nature naturellement philosophique peut briller et où ils explorent constamment de nouveaux domaines les combleront également.

Les Sagittaires conviennent à des carrières telles que théologien, professeur de yoga, éditeur, guide de voyage, agent de voyage, interprète, avocat, juge, professeur, professeur de lycée, ambassadeur, athlète (surtout équestre), entrepreneur, directeur d'hôtel, marketeur, vendeur, missionnaire, architecte, archéologue, responsable des relations publiques, entraîneur personnel, ambassadeur de marque ou encore blogueur de voyage.

Les patrons Sagittaires sont agréables au travail et à côtoyer. Ils sont très faciles à vivre, et leur soif de connaissances et de nouvelles expériences donne aux employés l'occasion d'élargir leur propre champ de connaissances. Le seul inconvénient du Sagittaire est qu'il peut offenser son entourage par son honnêteté franche et irréfléchie.

En tant qu'employés, les Sagittaires démontrent une vision positive rafraîchissante, leur enthousiasme et leur confiance en soi peuvent déteindre sur les autres employés. Cependant, ils remettront en question tout ce qu'on leur dit, car ils n'aiment pas qu'on leur dise « c'est comme ça qu'on fait », et leur honnêteté franche peut être mal reçue. En général, leur esprit brillant et leur approche perspicace l'emportent.

Un collègue Sagittaire est agréable à côtoyer si vous pouvez suivre son rythme. Les Sagittaires ont généralement un sens de l'humour ironique et aiment faire rire les autres, et ils apprécient aussi les bons débats. Ils ont tendance à vouloir élever ceux qui les entourent, c'est pourquoi il est bon de travailler avec eux.

Le Capricorne au travail

Les Capricornes sont de véritables bâtisseurs ; ils aiment créer quelque chose de solide et de durable, qu'il s'agisse d'un bâtiment, d'une carrière ou d'une entreprise. Ils sont les mieux adaptés à un environnement qui leur permet d'utiliser leur forte éthique de travail et sont à la fois de nature entrepreneuriale et corporative, car les Capricornes aiment la structure et les hiérarchies établies.

Les carrières qui conviennent au Capricorne sont celles de comptable, organisateur professionnel, enseignant, caissier, médecin orthopédiste, planificateur financier, programmeur informatique, PDG, rédacteur, analyste, architecte, consultant, responsable du service clientèle, secrétaire juridique, bijoutier, ouvrier du bâtiment, électricien, responsable des ressources humaines, responsable de la chaîne d'approvisionnement, dentiste ou professionnel de la gestion forestière.

Le patron Capricorne est dévoué, travailleur et entièrement concentré sur le développement de sa carrière ou de son entreprise. Il est possible que le patron Capricorne soit tellement concentré sur sa tâche qu'il travaille de longues heures, souvent au détriment de tout divertissement ou plaisir dans sa vie. Le patron Capricorne peut gérer une équipe de manière très efficace et est également doué pour gérer les clients difficiles et les situations de crise. Les membres de l'équipe sérieux et travailleurs impressionnent le patron Capricorne.

L'employé Capricorne est probablement la personne qui travaille le plus dur dans l'organisation et il le fera sans faire d'histoires et sans drames. Le Capricorne sera réservé et professionnel, suivra les règles de son lieu de travail et gravira les échelons avec ténacité.

En tant que collègue de travail, le Capricorne s'assurera probablement que tout le monde fait son travail correctement et désapprouvera les collègues qui ne respectent pas les délais ou qui sont négligents dans leur approche. Les Capricornes sont également susceptibles d'être les premiers à accepter de faire des heures supplémentaires et sont très fiables, ainsi que généreux avec leur temps et leur aide aux collègues.

Le Verseau au travail

Les Verseaux sont les non-conformistes du zodiaque et ne sont pas les meilleurs adeptes des règles, ils sont donc les mieux adaptés à un environnement qui utilise leur nature innovante et excentrique. Ils sont aussi les humanitaires du zodiaque, donc s'ils sentent que leur carrière aide une cause quelconque, ils se sentiront plus épanouis. Ils fonctionnent souvent à un niveau mental très élevé, et sont donc plus heureux lorsqu'ils utilisent leur esprit.

Les carrières du Verseau sont les suivantes : astrologue, astronome, programmeur informatique, inventeur, professeur, ingénieur environnemental, stratège politique, juge, travailleur social, toxicologue, acteur, chef de projet, chercheur, physiothérapeute, entraîneur personnel, analyste de données, planificateur environnemental, poète, musicien, électricien, technicien en radiologie, conseiller technique, ouvrier automobile, ingénieur aérospatial, neurologue ou hypnothérapeute.

Le patron Verseau sera un réformateur et un innovateur et aimera créer de nouvelles façons de faire les choses, il sera également ouvert aux idées novatrices. Ce patron aime l'intellect et est distant sur le plan émotionnel. Il n'appréciera donc pas les drames émotionnels sur le lieu de travail.

Comme cette personne est indépendante dans sa pensée et dans sa vie, on la retrouve souvent à travailler seule plutôt qu'à diriger une équipe.

L'employé Verseau aura beaucoup d'amis, mais peu d'amitiés profondes, et il attirera l'équipe autour de lui. Il est également susceptible de paraître distrait et d'oublier des détails banals, car son esprit est constamment en train de relier des points sur la façon dont les choses fonctionnent dans le schéma global. Les Verseaux sont cependant consciencieux, loyaux et excentriques.

Le collègue Verseau est toujours intéressant et s'intéressera à vous à un niveau intellectuel. Attendez-vous à ce qu'il veuille avoir des conversations profondes et à ce qu'il soit très amical. Il peut également essayer de vous convertir à sa dernière cause humanitaire. Les Verseaux sont compatissants, mais voudront faire quelque chose d'actif plutôt que d'apaiser les autres sur le plan émotionnel.

Les Poissons au travail

Les Poissons sont les rêveurs et les créatifs du zodiaque et sont les mieux adaptés aux carrières qui leur permettent de s'exprimer de manière intuitive et créative et de changer de direction quand l'envie leur en prend. Le monde de l'entreprise n'est généralement pas fait pour eux, à moins qu'ils ne travaillent dans une capacité créative, car les rouages de l'entreprise ne sont généralement pas leur fort.

Les carrières qui conviennent aux Poissons sont celles de médium, d'artiste, de décorateur d'intérieur, de travailleur social, de travailleur à but non lucratif, de conseiller, d'infirmier, de kinésithérapeute, de cinéaste, de musicien, d'éducateur sanitaire, de photographe, de guérisseur énergétique, de gardien, de pharmacien, d'auteur de fiction, de podologue, d'anesthésiste, de publicitaire, de physicien, de geôlier, de poète, d'acteur, de recruteur ou de plongeur.

Les patrons Poissons sont les mieux placés pour travailler dans les industries créatives, car ils sont doux et gentils, et ne sont pas doués pour diriger et donner des instructions. Les employés énergiques défieront les patrons Poissons, mais ils travaillent bien si leur équipe croit en leur vision et en leurs intuitions.

Les employés Poissons doivent avoir une carrière qui convient à leur âme sensible. Les environnements bruyants, stimulants et en mouvement rapide rendront l'employé Poissons malheureux. Si une personne Poissons travaille dans un environnement calme, elle travaillera consciencieusement. La nature empathique des Poissons les rend plus adaptés aux petites équipes, et ils doivent se protéger des émotions de tous ceux qui les entourent.

Signes astrologiques des personnes riches et célèbres

En lisant la liste Forbes des 100 artistes les mieux payés en 2021, il est amusant de regarder quels signes combinent le mieux le talent et les capacités de création de richesse.

Les célébrités Taureau sont en tête de liste avec 12,68 % des 100 premiers nés sous ce signe. Ce n'est pas surprenant, car les natifs du Taureau sont généralement bons pour bâtir des richesses. George Clooney et Dwayne « The Rock » Johnson figurent dans cette liste.

Les Sagittaires sont les artistes les moins susceptibles d'apparaître sur la liste, avec seulement 2,7 % des personnes figurant dans le top 100. Les Sagittaires ont tendance à préférer l'expérience à l'argent, et c'est peut-être la raison pour laquelle ils sont moins nombreux sur la liste. Scarlett Johansson et Jay-Z sont deux des Sagittaires qui s'y trouvent.

Sur la liste Forbes des milliardaires, 27 Balances figurent en tête. Les Balances sont généralement très douées pour les affaires. Ralph Lauren en fait partie.

C'est peut-être surprenant, puisque le Capricorne est généralement un signe ambitieux et travailleur, mais seuls huit milliardaires sont nés sous le signe du Capricorne. Jeff Bezos figure sur cette liste.

Chapitre 12 : L'amour selon le zodiaque

Dans ce chapitre, nous allons examiner de plus près la compatibilité amoureuse pour chaque signe du zodiaque. Bien qu'il existe d'autres influences et facteurs importants dans le thème d'une personne qui aident à déterminer la compatibilité romantique, cette analyse fournit un guide général et une vue d'ensemble de la façon dont chaque signe solaire traite l'amour. Si vous souhaitez une analyse approfondie qui s'étend au-delà des signes solaires, les cartes de naissance doivent être établies conformément à la partie 2. Ces informations doivent être utilisées pour mieux comprendre les points forts des individus, leurs personnalités uniques et la façon dont ils peuvent travailler ensemble. Toutes les planètes, les placements de maisons et les aspects entre les deux cartes ajoutent des détails et des nuances à la lecture de la compatibilité.

Veuillez noter qu'il n'existe pas de « bonnes » ou de « mauvaises » paires. Chaque personne et chaque signe est complexe, et une combinaison qui aurait pu être déconseillée dans de nombreux livres et articles astrologiques peut en fait fonctionner en raison des connexions entre Vénus et Mars, par exemple. Prenez ceci comme un guide général et sortez des sentiers battus.

N'oubliez pas non plus de prendre le signe sur le descendant, les placements en maison et les aspects entre les cartes pour une interprétation plus approfondie.

Nous sommes des êtres humains complexes, et les connexions de signes solaires seules ne nous disent qu'une partie de l'histoire.

Le Bélier en amour

Le Bélier est audacieux, direct et franc en amour, et il courra après la personne qu'il désire avec enthousiasme. Vous saurez toujours à quoi vous en tenir avec un Bélier en raison de son caractère direct. C'est souvent lui qui prend l'initiative d'une relation. Sa joie de vivre est très attrayante, mais peut être un peu écrasante et apparemment agressive pour certains signes plus doux. Les Béliers ne laisseront jamais les problèmes s'envenimer.

Combinaisons romantiques

- Bélier et Bélier sont une combinaison ardente qui est extrêmement passionnée. Ils sont tous deux indépendants et compétitifs, ce qui peut donner lieu à des batailles animées et parfois explosives, mais les deux partenaires apprécient en fait ces combats.
- Le Bélier et le Taureau sont une combinaison de rapidité, passionnée, lente et sensuelle. Le Bélier pousse le Taureau à l'action, tandis que le Taureau calme le Bélier impulsif.
- Le Bélier et le Gémeaux forment une équipe, le Bélier prenant la tête et le Gémeaux apportant les idées qui sont attisées par le feu du Bélier. Ces deux-là s'amusent beaucoup ensemble.
- Le Bélier et le Cancer forment une excellente équipe, le partenaire Bélier prenant la direction des opérations et le partenaire Cancer gardant le feu à la maison.
- Le Bélier et le Lion sont une autre combinaison ardente avec beaucoup de plaisir et aussi des combats explosifs. Le Bélier est plutôt l'initiateur, et le Lion celui qui concrétise le plan.
- Le Bélier et la Vierge sont un mélange d'impulsions et de conservatisme, le Bélier apportant de l'excitation pour animer la Vierge et la Vierge apportant la patience et le sens pratique pour ancrer le Bélier.
- Le Bélier et la Balance sont un mélange d'action et d'indépendance pour le Bélier et de négociation et d'esprit d'équipe pour la Balance. Si le Bélier peut essayer de faire un peu de compromis et si la Balance laisse le Bélier prendre l'initiative de temps en temps, cela fonctionnera bien.
- Le Bélier et le Scorpion sont une combinaison passionnée, où l'ouverture et l'honnêteté du Bélier vont percer l'énergie plus privée et investigatrice du Scorpion.
- Bélier et Sagittaire sont une autre combinaison fougueuse et aventureuse, avec seulement le manque de tact du Sagittaire et le besoin de domination du Bélier causant des problèmes occasionnels.

- Le Bélier et le Capricorne peuvent être une combinaison fructueuse si les besoins individuels d'indépendance et de réussite sont respectés et si aucun des deux n'essaie de contrôler l'autre.
- Le Bélier et le Verseau sont une autre combinaison audacieuse et impulsive, et les deux sont susceptibles de partager un mauvais sens de l'humour.
- Le Bélier et le Poissons peuvent bien travailler si le Bélier est conscient de la sensibilité du Poissons et s'il apprend à faire des concessions. Le Poissons sera d'une loyauté sans faille et s'adaptera à la spontanéité du Bélier.

Le Taureau en amour

Un Taureau amoureux est loyal et persévérant à l'excès et prendra son temps pour s'engager. Cependant, lorsqu'il s'engage, vous pouvez être absolument sûr qu'il est sincère et sérieux. Une fois dans une relation, son sens de la loyauté familiale et de la stabilité financière l'incitera à rester fidèle à la personne qu'il a choisie. Si blessé, il a du mal à pardonner.

Combinaisons romantiques

- Un Taureau et un Taureau sont tous deux loyaux et terre à terre, ils apprécieront tout le confort de la maison et seront prêts à travailler pour créer ce foyer.
- Un Taureau et un Gémeaux sont un couple qui devra faire des compromis, avec un peu moins d'entêtement et la volonté d'être un peu plus sociable de la part du Taureau. Le Gémeaux devra faire preuve d'un peu de patience et ralentir un peu.
- Le Taureau et le Cancer sont tous deux loyaux et affectueux et créeront un foyer extraordinaire ensemble, en répondant aux besoins émotionnels de l'autre.
- Les relations entre Taureau et Lion auront besoin de beaucoup de compromis, car les Lions sont passionnés et vivent au jour le jour, et les Taureaux sont patients et vivent pour la stabilité. Bien sûr, cela signifie que s'ils peuvent faire des compromis, ils pourront tout avoir.

- Taureau et Vierge sont deux signes qui vont bien ensemble, car ils sont tous deux responsables. La Vierge apporte un peu d'humour au mélange et le Taureau apporte plus de sensualité.
- Le Taureau et la Balance sont tous les deux gouvernés par Vénus ; tous deux sont romantiques et aiment le luxe. Si le Taureau peut être conscient du besoin de la Balance d'être sociale et de flirter, et si la Balance peut être consciente du besoin de stabilité du Taureau, ils peuvent bien travailler ensemble.
- Le Taureau et le Scorpion sont des cas où les opposés s'attirent et tous deux ont tendance à faire ressortir le meilleur de l'autre. Financièrement, ils seront extrêmement stables et ils sont tous deux très sensuels.
- Le Taureau et le Sagittaire peuvent bien travailler, car le Taureau apporte les bases et la routine au Sagittaire, parfois volage, et le Sagittaire apporte un peu de spontanéité et d'optimisme dans le mélange.
- Taureau et Capricorne sont une combinaison terreuse, le Capricorne apportant l'ambition et l'humour, et le Taureau apportant la fermeté et l'esprit d'équipe.
- Le Taureau et le Verseau doivent accepter les différences, mais cela peut fonctionner si les deux ont de la vie. Le Verseau aime secouer les choses et adore l'exploration intellectuelle, tandis que le Taureau aime les choses plus pratiques et terrestres ; mais, bien sûr, si les deux peuvent faire des compromis, cela fonctionnera.
- Le Taureau et le Poissons forment un bon mélange. Les Taureaux ont un aspect pratique et une stabilité, tandis que les Poissons sont plus idéalistes et compatissants. Au lieu de se défier, les deux doivent apprendre l'un de l'autre.
- Le Taureau et le Bélier sont une combinaison qui attire ou repousse, le Bélier qui bouge vite poussant le Taureau à l'action et le Taureau calmant le Bélier impulsif.

Le Gémeaux en amour

Les Gémeaux en amour sont rapides, coquets et sociables. Ils ont besoin de stimulation intellectuelle au point qu'ils considèrent souvent leur amour comme leur meilleur ami. Cela signifie simplement que l'accent est moins mis sur le l'aspect physique de la relation. Ils sont curieux et savent écouter, ce qui les rend charmants auprès de tous ceux qu'ils rencontrent.

Combinaisons romantiques

- Gémeaux et Gémeaux sont une combinaison qui a vraiment besoin d'un peu de terre pratique dans le thème d'au moins une personne. Ce sera une relation intellectuelle amusante et agitée qui peut être instable, mais le facteur amitié est élevé.

- Le Gémeaux et le Cancer ont définitivement besoin de compromis entre la sociabilité et la vie privée et entre l'esprit léger et la sensibilité. Le mélange de curiosité, d'amusement et de sécurité émotionnelle peut bien se marier avec la conscience.

- Le Gémeaux et le Lion forment un partenariat qui mène à une vie pleine de plaisir, d'affection et probablement de fêtes. Ils se complètent en ce sens que le Lion apporte une certaine structure et que Gémeaux apporte plus de flexibilité.

- Le Gémeaux et la Vierge sont deux signes régis par Mercure, ce qui signifie que les deux sont adaptables et communiquent bien. La Vierge apporte l'aspect pratique et le Gémeaux l'aide à s'alléger un peu.

- Le Gémeaux et la Balance sont une combinaison qui se marie bien et le couple est susceptible de sortir beaucoup, d'explorer de nouvelles expériences, de découvrir de nouvelles personnes et de partager des idées tout le temps.

- Gémeaux et Scorpion sont un mélange de profondeur, d'intimité, de légèreté et d'ouverture qui demande beaucoup d'adaptation l'un à l'autre. Comme toujours, cela peut fonctionner si le Gémeaux permet au Scorpion d'être souvent seul et si le Scorpion développe un côté plus ludique de temps en temps.

- Gémeaux et Sagittaire ont beaucoup en commun. Ils aiment tous les deux explorer intellectuellement et débattre, et ont tous deux un grand sens de l'humour. C'est une relation légère et ludique.

- Le Gémeaux et le Capricorne ont besoin d'un certain respect et de compréhension mutuels pour fonctionner, car le Capricorne est sérieux et le Gémeaux ne l'est pas vraiment. Comme toujours, cela peut fonctionner si le Gémeaux est capable d'apporter un sens au Capricorne et si le Capricorne peut apporter les bases nécessaires au Gémeaux.

- Le Gémeaux et le Verseau sont une véritable rencontre, ils ne seront jamais à court d'idées ou de sujets de conversation. Tous deux sont sociables et aiment leur indépendance.

- Le Gémeaux et le Poissons auront besoin de compromis, car le Gémeaux est un papillon social extraverti et le Poissons est émotif, timide et sensible. Cependant, les deux signes sont flexibles, donc ils peuvent s'adapter aux besoins de l'autre.

- Le Gémeaux et le Bélier sont l'air et le feu et les deux éléments fonctionnent bien ensemble. Le Gémeaux va probablement correspondre à la passion du Bélier, et l'esprit du Gémeaux sera alimenté par le feu. Beaucoup de plaisir !

- Le Gémeaux et le Taureau ne sont pas les partenaires les plus faciles, mais cela rend les choses intéressantes. Le Taureau peut avoir du mal à suivre le Gémeaux et le Gémeaux souhaitera parfois que le Taureau soit plus sociable et moins têtu, mais si tous deux peuvent faire des compromis, ce sera une bonne relation.

Le Cancer en amour

Les Cancers amoureux sont attentionnés et sensibles. Ils tombent rapidement et durablement amoureux. Ils sont susceptibles de s'engager rapidement et de tout donner à leur partenaire, mais leur sensibilité peut les conduire à un besoin d'affection lorsqu'ils ne se sentent pas aimés en retour. Les personnes Cancers seront les champions de leurs proches, alors traitez-les avec l'amour qu'ils méritent.

Combinaisons romantiques

- Les relations entre Cancer et Cancer sont très aimantes, affectueuses et loyales. Ils sentent les besoins de l'autre avec facilité. Tous deux ont besoin de sécurité et peuvent être lunatiques, mais chacun comprend cela chez l'autre, c'est donc rarement un problème.

- Le Cancer et le Lion sont une combinaison très aimante et passionnée, surtout si le Cancer peut se rappeler de couvrir le

Lion de louanges ainsi que d'amour et si le Lion peut tempérer un peu ses extravagances.

- Le Cancer et la Vierge sont un couple patient, solide et loyal. Les deux signes se comprennent très bien et la Vierge terreuse a de la patience avec les humeurs du Cancer. Les deux signes sont généralement casaniers et conservateurs sur le plan financier.
- Les couples Cancer et Balance peuvent avoir des difficultés si le Cancer ne comprend pas le besoin de la Balance d'être entourée d'autres personnes et si la Balance ne fait pas d'efforts pour répondre aux besoins émotionnels du Cancer. Lorsqu'ils y parviennent, ils peuvent tous deux apprécier de nouvelles façons d'être.
- Le Cancer et le Scorpion forment un couple profond et émotionnellement satisfaisant, avec une connexion intuitive à l'autre. Le Scorpion a besoin de plus de temps seul que le Cancer, mais c'est rarement un problème.
- Les partenaires Cancer et Sagittaire peuvent avoir des difficultés, car le Sagittaire est un esprit libre et le Cancer a besoin de sécurité. Cependant, les Sagittaires sont généralement très engagés une fois qu'ils sont vraiment en amour, ce qui peut signifier que cela fonctionnera avec des compromis.
- Le Cancer et le Capricorne sont une bonne relation en termes de loyauté et de sécurité, mais le Capricorne peut parfois être un peu trop froid sur le plan émotionnel. S'il apprend à faire preuve d'un peu d'affection, cela les aidera beaucoup.
- Le Cancer et le Verseau sont un mélange de besoins émotionnels et de pensées objectives, ce qui peut être insatisfaisant à moins que les deux ne puissent reconnaître les différents besoins de l'autre.
- Le Cancer et le Poissons se marient à merveille, car ils ont une connexion presque psychique et sont à la fois attentifs et affectueux. Le Cancer est le meilleur des deux avec l'argent et les deux aimeront être ensemble dans leur propre monde à la maison.
- Le Cancer et le Bélier peuvent bien travailler ensemble si le Bélier se concentre sur les questions du monde extérieur tandis que le Cancer se concentre davantage sur le foyer et la famille. Si le partenaire Bélier peut prendre le temps de montrer de l'affection, cette relation fonctionnera encore mieux.

- Le Cancer et le Taureau forment un autre couple loyal et affectueux, et tous deux se concentrent sur le foyer, la famille et la sécurité financière. Ils répondront bien aux besoins de l'autre.
- Le Cancer et le Gémeaux forment un bon couple si le Cancer accepte la nature légère, amusante et coquette du Gémeaux, et si le Gémeaux peut tourner cette attention amusante vers son partenaire plus souvent que vers les autres.

Le Lion en amour

Le Lion amoureux est passionnant et a le cœur ouvert tant qu'il se sent aimé en retour. Les Lions font des partenaires merveilleux et attentionnés et sont aussi de bons parents. Parce qu'ils ont le cœur ouvert, ils peuvent facilement être blessés s'ils ne sont pas avec quelqu'un qui les couvre d'amour et d'attention.

Combinaisons romantiques

- Un Lion et un Lion sont charmants ensemble tant qu'aucun n'essaie de dominer l'autre et qu'ils se couvrent tous les deux d'amour, de compliments et d'attention. S'ils font cela, alors c'est une combinaison vraiment joyeuse.
- Le Lion et la Vierge peuvent être une bonne combinaison, avec un bon mélange d'amusement pour le Lion et de stabilité pour la Vierge, tant que la Vierge se détend un peu et que le Lion n'essaie pas de dominer la Vierge analytique.
- Le Lion et la Balance forment généralement un couple attrayant et charmant qui apprécie une bonne vie sociale ensemble. S'ils s'accordent suffisamment d'attention, ils continueront à être heureux.
- Le Lion et le Scorpion sont deux signes têtus et puissants qui apprécient une bonne dispute dramatique et sont tous deux loyaux. Étonnamment, cela fonctionne souvent bien, même si c'est très intense.
- Le Lion et le Sagittaire sont des partenaires très amusants et énergiques, avec un peu de drame en prime. Les Sagittaires devront peut-être essayer de tempérer leur franc-parler s'ils ne

veulent pas blesser la fierté du Lion, mais dans l'ensemble, c'est un bon partenariat.

- Le Lion et le Capricorne peuvent constituer une bonne équipe qui se renforce au fil du temps. Leurs forces s'équilibrent bien et ils peuvent chacun s'inspirer l'un l'autre pour atteindre des objectifs communs.
- Le Lion et le Verseau forment un autre partenariat passionnant. Le Lion demande beaucoup d'attention, et le Verseau est souvent un peu trop détaché et dans sa tête pour en donner suffisamment. Si le Verseau peut apprendre à faire des compliments, alors cela fonctionnera bien.
- Le Lion et le Poissons peuvent avoir une bonne relation si le Lion adopte l'approche bienveillante et attentionnée de l'arbitre pour le Poissons sensible, plutôt que d'attendre de lui qu'il se défende lui-même.
- Le Lion et le Bélier sont un très bon partenariat, mais fougueux, et peuvent avoir de grosses disputes. Toutefois, ils partageront aussi beaucoup de rires. Le caractère direct du Bélier peut parfois bouleverser le cœur tendre du Lion.
- Le Lion et le Taureau peuvent former un merveilleux couple s'ils parviennent à trouver un compromis entre le besoin de stabilité et d'un foyer solide.
- Le Lion et le Gémeaux sont un couple passionnant, excitant et vivant. Les deux sont assez dramatiques et audacieux, ils sont tous deux sociables et coquets, mais le Gémeaux devra s'assurer que l'attention est maintenue sur le Lion afin de ne pas blesser sa fierté.
- Le Lion et le Cancer forment un bon partenariat si le Cancer utilise le renforcement positif avec le partenaire Lion plutôt que des critiques, car le Lion a tendance à retourner l'amour et l'appréciation qui lui sont montrés.

La Vierge en amour

Les Vierges en amour sont les amoureuses intellectuelles du zodiaque et abordent l'amour avec prudence et conservatisme. Elles aiment être avec quelqu'un qui peut tenir une conversation intelligente, mais elles sont souvent attirées par un partenaire plus extraverti et direct qui fera le premier pas. Elles préfèrent l'engagement et montrent leur affection par des actes de service plutôt que par des mots fleuris ou de nombreux contacts.

Combinaisons romantiques

- La Vierge et la Vierge peuvent fonctionner si les deux partenaires s'engagent à laisser le travail derrière eux sur une base régulière. Les deux sont tellement en phase qu'il pourrait s'agir d'une relation de type « tout pour le travail et rien pour le plaisir » sans cette synchronisation.
- La Vierge et la Balance peuvent être un bon mélange de sérieux et de frivolité si elles peuvent toutes deux accepter l'approche de l'autre. La bonne chose est que la communication est une compétence à laquelle les deux excellent, alors parler de leurs différences les aidera.
- La Vierge et le Scorpion forment un couple compatible si la Vierge n'essaie pas d'analyser logiquement les sentiments profonds du Scorpion et accepte qu'il ait une confiance en soi innée et tranquille et qu'il passe beaucoup de temps en silence lorsqu'il est à l'aise avec une personne.
- La Vierge et le Sagittaire sont une rencontre d'esprit, mais les deux ont des approches différentes, la Vierge étant plus introvertie et réservée et le Sagittaire plus extraverti et insouciant. Si les deux peuvent se rencontrer au milieu, ce couple fonctionnera.
- La Vierge et le Capricorne sont deux signes de terre et sont très bien assortis. Les deux se comprennent et se complètent très bien.
- La Vierge et le Verseau s'apprécieront mutuellement, intellectuellement, mais la Vierge peut avoir du mal avec le Verseau, bien que le mélange de l'imagination et de sens pratique puisse fonctionner.
- La Vierge et le Poissons sont un mélange stimulant d'esprit pratique et de rêves idéalistes qui ne peut fonctionner que si les deux font des compromis, le Poissons en essayant d'être un peu moins sensible et la Vierge en essayant de l'être davantage.

- La Vierge et le Bélier fonctionneront si la Vierge laisse le Bélier être le chef de file et si le Bélier laisse la Vierge s'occuper des détails pratiques et n'essaie pas de les contrôler.
- La Vierge et le Taureau partagent le sens des responsabilités et le désir d'être productifs et fiables, ce qui rend leur relation généralement stable et harmonieuse, le Taureau apportant plus de sensualité et la Vierge un grand sens de l'humour.
- La Vierge et le Gémeaux forment un couple avec un haut niveau de compatibilité intellectuelle, la Vierge étant plus pratique et le Gémeaux plus sociable et parfois frivole. Ces deux-là ont toujours besoin de parler des choses de la vie ensemble.
- La Vierge et le Cancer sont très compatibles, les deux étant plus introvertis et loyaux. Ces deux-là ont généralement une compréhension très intuitive de l'autre.
- La Vierge et le Lion peuvent fonctionner si la Vierge essaie de ne pas briser l'orgueil du Lion par des critiques et que le Lion essaie de ne pas être dominateur.

La Balance en amour

Les Balances aiment aimer et être amoureuses. Elles sont très affectueuses et complimenteuses. Elles aiment recevoir la même chose en retour. Cependant, elles sont assez pointilleuses quant aux personnes avec lesquelles elles sont en relation et ne sont pas à l'aise avec des partenaires peu sûrs d'eux ou visuellement peu séduisants.

Combinaisons romantiques

- La Balance et la Balance constituent une combinaison bien assortie qui peut parfois manquer un peu de passion parce qu'elle est très harmonieuse et basée sur la compatibilité mentale.
- La Balance et le Scorpion ont beaucoup d'attirance initiale, mais la profondeur émotionnelle du Scorpion et la sociabilité de la Balance peuvent créer des conflits dans une relation à long terme. Les deux peuvent être une énigme l'un pour l'autre, mais la communication peut combler le fossé.

- La Balance et le Sagittaire sont des partenaires amusants et optimistes, avec un sens de l'humour similaire, ce qui les aidera à dépasser les différences d'approche.

- La Balance et le Capricorne forment un couple stable. Le Capricorne se concentre d'abord sur le travail et la Balance sur les relations ; ils se complètent bien.

- La Balance et le Verseau forment un bon couple qui a beaucoup en commun et un partenariat avec un fort élément d'amitié.

- La Balance et le Poissons sont des partenaires créatifs et idéalistes qui peuvent manquer de connexion, ce dont les Poissons ont besoin. Si cela peut être résolu, alors la relation peut bien fonctionner.

- La Balance et le Bélier sont des signes opposés et ont des approches très différentes, la Balance étant axée sur le travail d'équipe et le Bélier étant un individualiste. Si le Bélier peut essayer de faire un peu de compromis et si la Balance laisse le Bélier prendre l'initiative de temps en temps, cela fonctionnera bien.

- La Balance et le Taureau partagent beaucoup de traits vénusiens, car ils sont tous deux gouvernés par Vénus. Ils partagent l'amour de l'harmonie et le luxe, par exemple. Ils apprécient tous deux la loyauté et seront bien ensemble si la Balance peut tolérer le pessimisme du Taureau et si le Taureau peut savoir que la nature flirteuse de la Balance est innée.

- La Balance et le Gémeaux forment un excellent partenariat, avec seule l'indécision comme problème occasionnel pour les deux. Tous deux aiment converser et être sociables, donc ils s'amuseront beaucoup ensemble.

- La Balance et le Cancer ont tendance à avoir quelques difficultés, le Cancer ayant besoin de proximité émotionnelle alors que la Balance est plus légère et a besoin de plus d'interactions sociales. Leur loyauté mutuelle peut les aider à faire de bons compromis.

- La Balance et le Lion forment un partenariat charmant. Les deux sont affectueux, enjoués et sociables. Il est possible qu'ils s'amusent un peu trop à dépenser de l'argent ensemble.

- La Balance et la Vierge sont souvent apparemment en désaccord, la Balance étant détendue, insouciante et sociable, et la Vierge étant productive, sérieuse et réservée, mais cette paire se complète et fonctionne bien ensemble.

Le Scorpion en amour

Les Scorpions en amour sont intenses et presque obsessionnels. Ils mettent tout ce qu'ils ont dans leur relation, sont dévoués et loyaux et désirent une intimité profonde. Ils ont besoin d'être seuls malgré leur besoin d'intimité, et leurs sentiments sont si profonds qu'ils ont du mal à les partager.

Combinaisons romantiques

- Scorpion et Scorpion sont une combinaison incroyablement puissante, intense et dramatique qui peut faire ressortir le meilleur ou le pire chez l'autre, ou les deux à des moments différents. Si les deux fusionnent bien, alors ils dureront toute leur vie.
- Le Scorpion et le Sagittaire sont diamétralement opposés, différents et devront travailler pour ce qui peut être une puissante attraction initiale, avec le Scorpion diminuant son côté privé et sérieux et le Sagittaire développant le même côté.
- Le Scorpion et le Capricorne forment un couple bien assorti, car tous deux sont des travailleurs acharnés, réservés et apprécient la sécurité. Ils apportent chacun des forces complémentaires à leur relation.
- Le Scorpion et le Verseau ne sont pas toujours destinés à des relations à long terme ou harmonieuses sans beaucoup de compromis, malgré une forte attirance. L'intensité du Scorpion et le détachement du Verseau peuvent provoquer des conflits, mais avec un travail pour résoudre les différences, cela peut fonctionner.
- Le Scorpion et le Poissons sont des partenaires loyaux et émotionnellement liés, même si le Poissons n'aime pas toujours la tendance du Scorpion à être plus conflictuel. Les deux sont spirituels et romantiques et donneront volontiers à l'autre.

- Le Scorpion et le Bélier aiment tous deux avoir le contrôle, mais il y a beaucoup de passion entre eux. Les deux aiment l'intensité et avec un peu de communication, cela peut fonctionner.
- Scorpion et Taureau sont à bien des égards parfaits l'un pour l'autre, car le style plus détendu du Taureau complétera l'intensité du Scorpion, et les deux ont des valeurs similaires.
- Scorpion et Gémeaux sont un mélange intéressant d'énergies, le Scorpion étant profond et les Gémeaux aimant garder les choses légères. Chacun peut intriguer l'autre pour continuer à explorer comment travailler ensemble et ils trouvent souvent le moyen de le faire.
- Le Scorpion et le Cancer sont tous deux profondément émotionnels, sensibles, et aussi possessifs, ce qui en fait fonctionne ici, car les deux se sentent en sécurité dans ce couple.
- Scorpion et Lion forment une relation très passionnée et dramatique, mais auront du mal à communiquer sans se heurter. Cependant, les deux apprécieront souvent cette relation de haute intensité, ce qui maintiendra leur intérêt.
- Le Scorpion et la Vierge sont complémentaires et fonctionnent bien ensemble. Ils aiment tous les deux passer du temps seuls et peuvent assez facilement établir une confiance mutuelle.
- Le Scorpion et la Balance parlent et vivent à contrecourant, mais sont attirés l'un par l'autre malgré cela. L'intimité et l'intensité du Scorpion déconcerteront la Balance au cœur léger, et la sociabilité de la Balance fera ressortir la possessivité du Scorpion, mais la communication et les compromis peuvent aider.

Le Sagittaire en amour

Le Sagittaire en amour est plein d'énergie et rempli d'enthousiasme et d'amusement. On dit souvent que les Sagittaires sont lents à s'engager, mais c'est seulement parce qu'ils cherchent quelqu'un qui puisse titiller leur intérêt. Lorsqu'ils tombent amoureux, ils sont généralement extrêmement fidèles. Ils sont surtout attirés par les personnes ambitieuses et dynamiques.

Combinaisons romantiques

- Sagittaire et Sagittaire forment un couple amusant, passionné et explorateur. Ils aiment tous deux voyager et découvrir de nouvelles expériences et le font avec entrain. L'aspect pratique et la connexion émotionnelle peuvent causer certains problèmes.
- Le Sagittaire et le Capricorne peuvent constituer une bonne connexion, car le sens pratique du Capricorne peut mettre à terre les excès du Sagittaire, tandis que le partenaire du Sagittaire appréciera l'ambition du Capricorne.
- Le Sagittaire et le Verseau sont des visionnaires, les deux étant orientés vers un but et désireux d'explorer de nouvelles idées. C'est une combinaison amusante.
- Le Sagittaire et le Poissons forment un couple où l'attraction est présente, mais certains compromis doivent être faits. Un équilibre doit être recherché entre l'énergie extravertie et spontanée du Sagittaire et celle réservée et timide du Poissons, mais cela peut fonctionner avec le temps.
- Le Sagittaire et le Bélier ont beaucoup en commun, et ce sera une équipe pleine d'énergie qui appréciera les activités ensemble. La combinaison est très aventureuse avec une certaine volatilité due à la franchise du Sagittaire et au besoin du Bélier de toujours diriger, mais dans l'ensemble, l'entente sera bonne.
- Le Sagittaire et le Taureau ont quelques défis à surmonter, car la passivité et la stabilité du Taureau peuvent frustrer le Sagittaire énergique. Cependant, le Taureau apporte les bases et la routine au Sagittaire, parfois volage, et le Sagittaire apporte une certaine spontanéité et optimisme dans le mélange.
- Sagittaire et Gémeaux peuvent beaucoup s'amuser ensemble, bien que la combinaison puisse être un peu instable, car ils aiment tous deux le changement. Ils apprécient explorer intellectuellement et débattre, et ont tous deux un grand sens de l'humour. C'est une relation légère et ludique.
- Le Sagittaire et le Cancer ont quelques défis à relever à cause du mélange de sensibilité, avec le côté émotionnel du Cancer et celui franc mais assez insensible du Sagittaire. Tous deux ont une volonté de fer, donc si l'attraction est là, ils auront tendance à arranger les choses.
- Le Sagittaire et le Lion sont un couple sauvage, passionné et amusant avec le potentiel de durer toute une vie, surtout si le

Sagittaire peut contenir son honnêteté brutale qui peut blesser la fierté du Lion.

- Le Sagittaire et la Vierge sont un étrange mélange de compatibilité intellectuelle et de différences émotionnelles, parce que la Vierge est réservée et introvertie, en général, et le Sagittaire est extraverti. Cette correspondance peut s'améliorer avec le temps.
- Le Sagittaire et la Balance sont un partenariat plein d'amusement et d'excitation sociale. Si la Balance peut passer le fait que le Sagittaire se soucie peu des apparences, cela fonctionnera bien.
- Le Sagittaire et le Scorpion peuvent représenter un défi, parce que le Sagittaire aime la liberté et n'a pas l'intensité émotionnelle du Scorpion. Cependant, ils se trouveront mutuellement fascinants et les différences peuvent s'estomper avec le temps.

Le Capricorne en amour

Les Capricornes sont lents à tomber amoureux, préférant d'abord être amis, mais une fois que les choses se développent, ils sont stables et se consacrent à la création d'une vie avec leur partenaire. Ils ont vraiment besoin de quelqu'un qui comprenne leur dévouement à la construction d'une base financière sûre et, généralement, une carrière. Ils ne sont pas toujours chaleureux sur le plan émotionnel, surtout dans les relations.

Combinaisons romantiques

- Le Capricorne et le Capricorne fonctionnent très bien ensemble, car ils partagent tous deux de l'ambition, une éthique de travail similaire et une nature réservée. Cela a le potentiel d'être une relation stable et durable.
- Le Capricorne et le Verseau peuvent faire face à des défis, car le Capricorne aime les objectifs et les plans solides alors que le Verseau est très libre d'esprit et préfère les objectifs à long terme sans plan précis pour y arriver. Cependant, tous deux sont déterminés, ce qui peut aider à trouver un compromis.
- Le Capricorne et le Poissons forment un couple bien assorti, car le Capricorne apporte l'aspect pratique et le Poissons le soutien créatif et émotionnel.

- Le Capricorne et le Bélier ne sont pas la combinaison la plus facile, car le Capricorne aime la stabilité, tandis que le Bélier aime l'action dynamique et est impulsif, mais cette paire peut être très fructueuse si aucun des deux n'essaie de contrôler l'autre.

- Le Capricorne et le Taureau forment un fabuleux partenariat avec des valeurs partagées dans la plupart des domaines de la vie, et qui combine bien l'ambition du Capricorne et les tendances casanières du Taureau. Ces deux-là sont très compatibles.

- Un Capricorne et un Gémeaux sont un mélange de réserve, de stabilité et de sociabilité instable, ce qui peut signifier des différences. Si les deux peuvent apprendre l'un de l'autre sans se critiquer, ils peuvent se rencontrer au milieu et avoir un respect et une compréhension mutuels.

- Le Capricorne et le Cancer sont un mélange de genres. Ils peuvent être un partenariat loyal avec un besoin partagé de sécurité et d'un foyer stable, mais le Cancer a besoin de beaucoup d'affection et le Capricorne doit consciemment choisir de la montrer. La rencontre entre les deux est la clé.

- Le Capricorne et le Lion sont tous les deux têtus, et si l'attraction est là, cela signifie qu'ils s'efforceront de concilier le fait que le Capricorne est plus réservé et pessimiste alors que le Lion est plus extraverti et optimiste, chacun apprenant de l'autre.

- Le Capricorne et la Vierge sont très ancrés et réservés, avec de nombreuses compatibilités. Tous deux aiment la stabilité et aiment travailler dur.

- Le Capricorne et la Balance forment un partenariat avec des différences de perspectives, le Capricorne étant stable, persévérant et économe, et la Balance étant extravertie et dépensière. Ces différences ne sont cependant pas irréconciliables.

- Le Capricorne et le Scorpion forment un bon partenariat où chacun fait ressortir le meilleur de l'autre. Les deux ont des méthodes de travail et des objectifs similaires qui fonctionnent bien ensemble.

- Le Capricorne et le Sagittaire forment un partenariat où les différences peuvent se compléter malgré ce qui semble être des approches opposées. Le Capricorne étant prudent et le Sagittaire étant téméraire dans tout ce qu'il approche.

Compatibilité par aspects

Les aspects entre les planètes des deux cartes astrologiques dans les relations doivent également être pris en compte. Cela peut également s'appliquer aux aspects entre les différentes planètes et les angles et pas seulement aux signes solaires. Ce qui suit s'applique en général ; notez qu'aucun n'est bon ou mauvais, car ceux qui nous mettent au défi dans une relation peuvent nous pousser à grandir et à nous développer, tant qu'il s'agit d'un défi sain.

Les planètes en signes adjacents peuvent avoir des difficultés à se « voir » mutuellement, car elles diffèrent selon le jour et la nuit, l'élément et la modalité. Les planètes en signes qui sont sextiles l'une à l'autre sont harmonieuses, car elles partagent l'énergie du jour ou de la nuit.
Les planètes en signes qui sont en carré sont plus difficiles, car elles partagent toujours l'énergie du jour et de la nuit, bien qu'elles partagent une modalité. Les planètes en signes qui sont en triangle sont harmonieuses, car elles partagent le même élément et l'énergie du jour ou de la nuit.

Les planètes dans les signes qui sont en désaccord sont plus difficiles, parce qu'elles ont toujours des énergies de jour et de nuit et qu'elles sont moins compatibles par éléments et par modalités.

Les planètes en signes opposés partagent une modalité et sont toutes deux diurnes ou nocturnes, mais sont légèrement moins compatibles par éléments, bien que les deux soient généralement capables de compléter leurs forces opposées.

Le Verseau en amour

Le Verseau en amour est engagé et très attentif, mais pas affectueux, et il lui faut un certain temps pour arriver au point d'engagement. Les Verseaux sont intellectuels et voudront discuter longuement des grandes idées avec leur partenaire. Ils ont une confiance en eux innée qui est très attrayante pour les autres.

Combinaisons romantiques

- Le Verseau et le Verseau sont tous deux tellement dans leur tête et si détachés émotionnellement qu'il y a peu de profondeur émotionnelle dans leur relation. Cependant, ils peuvent aussi décider qu'ils sont d'accord d'être plus amis qu'autre chose.
- Le Verseau et le Poissons sont une combinaison inhabituelle, le Verseau étant un penseur radical et le Poissons intuitif et spirituel. Cela peut apporter des défis, car le Poissons peut ne pas voir ses besoins émotionnels satisfaits. Les deux sont profondément humanitaires, cependant, et cela peut les rapprocher.
- Le Verseau et le Bélier se trouvent l'un l'autre stimulants et excitants et forment un bon couple qui regarde l'avenir avec optimisme. Ils partagent un grand sens de l'humour.
- Le Verseau et le Taureau forment un couple improbable avec de nombreuses différences, mais tous deux ont de l'endurance, ce qui peut donner une relation stimulante qui peut les rapprocher.
- Le Verseau et le Gémeaux sont une véritable rencontre de l'esprit et forment un couple très dynamique. Leur partenariat sera plein de variété, d'amusement et d'une vie sociale animée.
- Le Cancer est susceptible de trouver que l'état émotionnel détaché du Verseau ne lui convient pas et ne répond pas à ses besoins. Cela signifie que les deux devront communiquer souvent sur leurs différences pour que leur relation fonctionne à long terme.
- Le Verseau et le Lion n'ont pas beaucoup de choses en commun, mais cela ne les empêchera pas de trouver cette relation stimulante et excitante, ce qui peut les aider à trouver un terrain d'entente.
- Le Verseau et la Vierge forment un couple intellectuel avec des forces différentes qui peuvent se compléter, la Vierge apprenant à embrasser un peu de chaos et le Verseau à être un peu plus organisé.
- Le Verseau et la Balance forment un beau couple appréciant tous deux une bonne vie sociale et une stimulation mentale.
- Le Verseau et le Scorpion forment un couple difficile et intense, mais qui peut fonctionner si le partenaire Verseau apprend à montrer de l'affection et si le Scorpion apprend à faire confiance à son partenaire.

- Le Verseau et le Sagittaire forment un couple amusant et ils vivront de nombreuses aventures ensemble.
- Le Verseau et le Capricorne sont une combinaison moins facile qui peut fonctionner si les deux utilisent leur détermination mutuelle pour aplanir les différences, la principale étant que le Capricorne aime la stabilité et la sécurité, ce qui n'est pas la priorité pour le Verseau.

Le Poissons en amour

Les Poissons en amour recherchent une connexion hautement spirituelle et intuitive. Ils aiment aimer leur partenaire et le faire se sentir comme la personne la plus spéciale du monde, car elle l'est pour eux. Ils sont doux et ont le cœur ouvert, ce qui peut les amener à se faire blesser facilement par des personnes moins sensibles.

Combinaisons romantiques

- Le Poissons et le Poissons sont tellement bien assortis qu'ils peuvent ne jamais rien faire de concret dans leur monde de rêve d'intimité.
- Le Poissons et le Bélier peuvent fonctionner si le Bélier apprend à faire preuve d'un peu de patience avec son partenaire rêveur. Si c'est le cas, le Poissons lui apportera un soutien incroyable.
- Le Poissons et le Taureau sont bien assortis, car tous deux partagent un amour de la romance et de la loyauté. Le Taureau apporte les bases et le Poissons l'imagination.
- Le Poissons et le Gémeaux sont tous deux très adaptables et cela peut, avec la communication, aider à surmonter des différences d'approche assez importantes. Le Poissons veut une connexion émotionnelle importante et le Gémeaux aime rester léger.
- Le Poissons et le Cancer sont un couple très aimant et romantique, ils travaillent ensemble dans une compatibilité presque psychique.
- Le Poissons et le Lion ont beaucoup de potentiel en tant que couple si le Lion s'imprègne de l'amour et de l'admiration du Poissons, évite tout désir de le contrôler et s'efforce de comprendre sa nature sensible.

- Le Poissons et la Vierge sont des signes opposés et peuvent attirer ou repousser. La clé est l'intégration de l'aspect rêveur et de la nature romantique du Poissons, et de l'esprit pratique de la Vierge.

- Le Poissons et la Balance sont très créatifs et aimants si les deux peuvent surmonter le besoin de la Balance d'être sociale et celui du Poissons de rester à la maison.

- Le Poissons et le Scorpion forment un couple étonnant avec une connexion émotionnelle profonde, qui apporte un fort sentiment de sécurité à ces deux signes sensibles.

- Le Poissons et le Sagittaire sont tous les deux très flexibles et aiment se concentrer sur les domaines philosophiques de la foi et des croyances. Ils s'accorderont s'ils peuvent équilibrer leurs natures introverties et extraverties.

- Le Poissons et le Capricorne sont un fabuleux mélange de bon sens et de rêve qui se marient bien ensemble.

- Le Poissons et le Verseau peuvent bien travailler ensemble s'ils peuvent faire des compromis sur le style émotionnel détaché du Verseau et la sensibilité émotionnelle du Poissons.

L'astrologie est un sujet infiniment fascinant où il y a toujours plus à apprendre. En utilisant ce livre, vous serez en mesure de comprendre votre thème astrologique de manière beaucoup plus approfondie, en utilisant une approche et un langage plus inclusifs.

La compatibilité ne se limite pas à votre signe solaire

Je donne ici un bref aperçu de la compatibilité des différents signes, en me basant principalement sur les signes solaires, mais il existe d'autres façons de considérer la compatibilité des cartes, comme la prise en compte des éléments suivants. Les énergies diurnes ont tendance à avoir plus de facilité à se comprendre, à savoir les signes de feu et d'air : Bélier, Gémeaux, Lion, Balance, Sagittaire et Verseau. Ils auront généralement des relations vivantes, sociables et aventureuses, les principaux obstacles étant le côté pratique et la connexion émotionnelle. De même, les énergies nocturnes — Taureau, Cancer, Vierge, Scorpion, Capricorne et Poissons — sont plus compatibles en général et apprécient les relations stables, productives et solidaires, les principaux obstacles étant le manque d'excitation, de spontanéité et de plaisir. Ce même principe peut être appliqué aux connexions des cartes astrologiques entre toutes les connexions planétaires, ainsi qu'aux connexions entre les angles des deux cartes de naissance.

Épilogue

J'espère que ce livre vous a permis de mieux apprécier et de mieux comprendre des domaines clés de l'astrologie, ainsi que d'envisager l'astrologie en termes non binaires.

Traditionnellement, les termes astrologiques sexués sont basés sur des mythes patriarcaux et des archétypes conformes au binaire.

La planète Saturne en est un excellent exemple. Dans la mythologie, Saturne était le dieu de l'agriculture, de la richesse et de la génération, et le règne de Saturne était décrit comme une période d'abondance et de paix. Toutes ces caractéristiques sont très yin, ou féminines, et pourtant, Saturne a été dépeint dans une grande partie de l'astrologie comme une énergie très masculine.

Un autre exemple : le symbole qui représente Capricorne, la chèvre de mer, est souvent dépeint comme étant juste la chèvre, qui est plus yang, et laisse de côté la queue de poisson très yin (la partie « mer »).

Si cela peut prêter à confusion — et c'est le cas —, je suggère que c'est parce que la société patriarcale a valorisé le masculin et dévalorisé le féminin au point que la majorité du langage utilisé par les interprétations traditionnelles de l'astrologie est devenu binaire et biaisé. Dans les mythes sur lesquels nos interprétations astrologiques sont basées, les déesses étaient généralement dépeintes comme des perturbatrices maléfiques et vengeresses ou comme des perturbatrices insipides, tandis que les dieux masculins étaient généralement dépeints comme des héros ou des *leaders*.

Je ne suis pas entièrement convaincu que les mythes aient commencé de cette façon, et de nombreux efforts sont déployés pour obtenir une représentation plus nuancée. Une chose dont je suis sûr, c'est que les mythes sont des histoires créées pour représenter certaines parties de la nature humaine. Après des milliers d'années de vie sous un système patriarcal, nous pouvons voir comment le binaire se reflète dans nos récits. Notre besoin humain de certitudes et de définitions nous a amenés à voir la finitude et la polarité là où il peut y avoir, en réalité, connexion et intégration.

Il est donc peut-être temps d'envisager de changer complètement de langage afin de faire disparaître la représentation du masculin comme étant bon et léger et du féminin comme étant mauvais et sombre. Le nouveau langage tient compte du fait qu'il y a de bonnes et de mauvaises qualités dans le masculin et le féminin, et laisse la possibilité de définir une personne comme étant plus que l'un ou l'autre. En utilisant ce nouveau langage, vous pouvez regarder un thème astrologique et avoir une vision plus holistique de vous-même en tant qu'individu avec différents traits qui ne sont ni « bons » ni « mauvais », juste différents.

Avec l'avènement de l'astrologie moderne, les astrologues se sont éloignés de l'utilisation des termes « bon » et « mauvais », mais nous devons aller plus loin et abandonner l'utilisation des termes « masculin » et « féminin ». Cela nous ouvre à une toute nouvelle compréhension du thème.

Ce livre vous invite donc à entrer dans un espace plus créatif et imaginatif, à ressentir les réseaux de connectivité qui traversent tous les êtres vivants, y compris l'univers. À ressentir le pouls, l'inspiration et l'expiration de tout ce qui est dans sa multiplicité et sa non-linéarité. Ce livre vous invite à ressentir l'enchevêtrement plutôt que la séparation avec laquelle nous avons abordé les espaces astrologiques depuis des millénaires.

Les derniers âges astrologiques, Poissons et Bélier, ont été patriarcaux par nature et ont valorisé l'énergie du jour par rapport à celle de la nuit. Le langage utilisé dans tous les mythes et sujets comme l'astrologie a reflété cette nature, en valorisant l'énergie sortante, « faire », par rapport à l'énergie réceptive et intuitive.

Personne ne sait ce que l'ère astrologique du Verseau apportera, mais le Verseau est un signe qui représente l'enchevêtrement et la connectivité. Son symbole représente des vagues, peut-être la théorie des ondes quantiques, des vagues d'esprit ou d'énergie. Le Verseau est également une énergie de groupe, une autre forme de connectivité, et représente les droits et les causes humanitaires et humaines. Le Verseau est visionnaire et futuriste.

Alors que nous nous trouvons à la porte de la nouvelle ère astrologique, il est approprié que nous commencions à examiner le langage de l'astrologie et la manière d'aborder l'astrologie d'une nouvelle façon, plus inclusive et plus enchevêtrée. Les mouvements et les cycles des planètes sont inchangés, bien sûr, mais comme je l'ai dit tout au long de ce livre, ce sont nos perceptions et notre langage qui doivent évoluer. Dans la philosophie grecque, le concept derrière *logos* (mot grec) est le principe divin qui imprègne un univers ordonné. Cela suggère que le langage a longtemps été utilisé pour donner un sens à ce que nous ne comprenons pas. Par conséquent, nous devons maintenant penser différemment et utiliser un langage différent pour entrer dans le nouvel âge.

Ce livre est une invitation à penser différemment et à commencer à ressentir l'univers vivant en vous, une invitation à habiter les énergies du jour et de la nuit en vous. Ce livre est pour vous.

J'espère que vous en avez apprécié sa lecture. S'il vous a plu et s'il vous a aidé dans l'apprentissage de l'astrologie, rien ne pourrait me faire plus plaisir que si vous le recommandiez à votre entourage.

N'hésitez surtout pas non plus à laisser votre avis à propos du livre sur Amazon, même succinct, je suis toujours à l'écoute de critiques constructives qui me permettraient d'améliorer ce guide ou simplement de savoir si vous l'avez apprécié et s'il vous a été utile. Pour cela, il vous suffit de flasher le QR code ci-dessous pour atterrir directement sur l'espace commentaires Amazon du livre.

Je vous dis au revoir, mes amis.

Dans la même collection

Découvrez d'autres livres de la maison Pénombre éditions en flashant
le QR code ci-dessous :

Liens utiles

Envie d'en découvrir plus sur le monde de l'ésotérique ? Flasher le QR code ci-dessous :

Site utile : https://www.evozen.fr/astrologie/theme-astral-gratuit

Glossaire

Signes d'air : Gémeaux, Balance, Verseau.

Angles : ascendant (ASC), descendant (DSC), milieu du ciel (MC) et *imum coeli* (IC), qui font respectivement référence aux cuspides des première, septième, dixième et quatrième maisons.

Ascendant (asc) : la cuspide de la première maison, aussi appelée signe ascendant ; le point qui se dresse sur l'horizon oriental au moment et au lieu de la naissance.

Aspects : relations angulaires entre les points du thème natal.

Astéroïdes : petits objets rocheux en orbite autour du Soleil.

Signes cardinaux : Bélier, Cancer, Balance, Capricorne.

Cups : le début d'une maison dans le thème natal ou là où un signe se termine et un autre commence.

Décans : subdivisions de chaque signe astrologique en incréments de 10 °.

Descensateur : point culminant de la septième maison dans le thème natal, directement opposé à l'ascendant.

Signes de terre : Taureau, Vierge, Capricorne.

Écliptique : ligne imaginaire dans le ciel qui marque la trajectoire annuelle du Soleil, une projection de l'orbite de la Terre qui marque aussi la ligne le long de laquelle les éclipses se produisent.

Éléments : le feu, la terre, l'air et l'eau.

Signes de feu : Bélier, Lion, Sagittaire.

Signes fixes : Taureau, Lion, Scorpion, Verseau.

Glyphes : symboles utilisés pour les signes astrologiques, les planètes, les luminaires et les aspects.

Hémisphère : un plan ou une ligne qui divise la sphère céleste en deux, soit horizontalement, soit verticalement.

Maisons : les douze divisions d'un thème natal, chacune régissant différents domaines de la vie.

Luminaires : le Soleil et la Lune.

Signes mutables : Gémeaux, Vierge, Sagittaire, Poissons.

Réception mutuelle : lorsque deux planètes occupent chacune le signe que l'autre gouverne.

Planètes personnelles : planètes intérieures et luminaires qui ont un effet plus direct sur la personnalité : le Soleil, la Lune, Mercure, Vénus et Mars.

Règles planétaires : les planètes qui régissent chaque signe.

Rétrograde : mouvement apparent de recul d'une planète du point de vue de la Terre.

Signe solaire : le signe dans lequel se trouve le Soleil à la naissance.

Transit : mouvement continu des corps planétaires par rapport à l'horoscope.

Signes d'eau : Cancer, Scorpion, Poissons.

Les tables astrologiques

Table du Soleil

Signe	Symbole	Dates	Planète	Énergie
Bélier		21 mars - 20 avril	Mars	Jour
Taureau		21 avril – 20 mai	Vénus	Nuit
Gémeaux		21 mai – 20 juin	Mercure	Jour
Cancer		21 juin – 20 juillet	Lune	Nuit
Lion		21 juillet – 20 août	Soleil	Jour
Vierge		21 août – 20 sept	Mercure	Nuit
Balance		21 sept – 20 oct.	Vénus	Jour
Scorpion		21 oct. – 20 nov.	Pluton - Mars	Nuit
Sagittaire		21 nov. – 20 déc.	Jupiter	Jour
Capricorne		21 déc. – 20 janvier	Saturne	Nuit
Verseau		21 janvier – 20 févr.	Uranus – Sat.	Jour
Poissons		21 févr. – 20 mars	Neptune – Jup.	Nuit

Table des aspects majeurs

Planète du signe	Opposition	Carrés	Sextiles	Triangle
Bélier	Balance	Cancer, Capricorne	Gémeaux, Verseau	Lion, Sagittaire
Taureau	Scorpion	Lion, Verseau	Cancer, Poissons	Vierge, Capricorne
Gémeaux	Sagittaire	Vierge, Poissons	Lion, Bélier	Balance, Verseau
Cancer	Capricorne	Bélier, Balance	Vierge, Taureau	Scorpion, Poissons
Lion	Verseau	Taureau, Scorpion	Gémeaux, Balance	Bélier, Sagittaire
Vierge	Poissons	Gémeaux, Sagittaire	Cancer, Scorpion	Taureau, Capricorne
Balance	Bélier	Cancer, Capricorne	Lion, Sagittaire	Gémeaux, Verseau
Scorpion	Taureau	Lion, Verseau	Vierge, Capricorne	Cancer, Poissons
Sagittaire	Gémeaux	Vierge, Poissons	Vierge, Poissons	Bélier, Lion
Capricorne	Cancer	Bélier, Balance	Bélier, Balance	Taureau, Vierge
Verseau	Lion	Taureau, Scorpion	Bélier, Sagittaire	Gémeaux, Balance
Poissons	Vierge	Gémeaux, Sagittaire	Taureau, Capricorne	Cancer, Scorpion

Table des planètes

	Domination	Exaltation	Détriment	Chute	Jour ou nuit
Soleil	Lion	Bélier	Verseau	Balance	Jour
Lune	Cancer	Taureau	Capricorne	Scorpion	Nuit
Mercure	Gémeaux et Vierge	Vierge	Sagittaire et Poissons	Poissons	Gémeaux (jour), Vierge (nuit)
Vénus	Taureau et Balance	Poissons	Bélier et Scorpion	Vierge	Taureau (nuit), Balance (jour)

Mars	Bélier et Scorpion	Capricorne	Balance et Taureau	Cancer	Bélier (jour), Scorpion (nuit)
Jupiter	Sagittaire et Poissons	Cancer	Gémeaux et Vierge	Capricorne	Sagittaire (jour), Poissons (nuit)
Saturne	Capricorne et Verseau	Balance	Cancer	Bélier	Capricorne (nuit), Verseau (jour)
Uranus	Verseau	Scorpion	Lion	Taureau	Jour
Neptune	Poissons	Cancer	Vierge	Capricorne	Nuit
Pluton	Scorpion	Lion	Taureau	Verseau	nuit

Table des décans

Signe	1er décan 0-9 °	2e décan 10-19 °	3e décan 20-29 °
Bélier	Mars/Bélier	Soleil/Lion	Jupiter/Sagittaire
Taureau	Vénus/Taureau	Mercure/Vierge	Saturne/Capricorne
Gémeaux	Mercure/Gémeaux	Vénus/Balance	Saturne et Uranus/Verseau
Cancer	Lune/Cancer	Mars et Pluton/Scorpion	Jupiter et Neptune/Poissons
Lion	Soleil/Lion	Jupiter/Sagittaire	Mars/Bélier
Vierge	Mercure/Vierge	Saturne/Capricorne	Vénus/Taureau
Balance	Vénus/Balance	Saturne et Uranus/Verseau	Mercure/Gémeaux
Scorpion	Mars et pluton/Scorpion	Jupiter et Neptune/Poissons	Lune/Cancer
Sagittaire	Jupiter/Sagittaire	Mars/Bélier	Soleil/Lion
Capricorne	Saturne/Capricorne	Vénus/Taureau	Mercure/Vierge
Verseau	Saturne et Uranus/Verseau	Mercure/Gémeaux	Vénus/Balance
Poissons	Jupiter et Neptune/Poissons	Lune/Cancer	Mars et Pluton/Scorpion

Made in United States
Troutdale, OR
07/29/2023

11659744R00110